BIENVENUE EN LOUISIANE !

© TOM PEPEIRA - ICONOTEC

Véranda en fer forgé de La Nouvelle-Orléans.

La Louisiane fait partie de ces destinations aux milles facettes. Le baroudeur en solo pourra enfourcher son sac, partir à la découverte des bayous et marais où se prélassent les alligators, paradent les rapaces et attaquent en rafale les terribles *maringouins.* Celui qui ne jure que par le rythme ne saura pour sûr plus où donner de l'oreille : les murs du Vieux Carré et de Frenchmen Street à L… …ouvelle-Orléans …t jour et nuit des

notes de blues, R'n'B et jazz *New Orleans* ; le… …s des *fais-dodo* du pays cajun sont tellement imprégné… …*two-step* ou du *zydeco* que le talon bat instin… …trouve sur la piste sans trop savoir comm… …-on là-bas. En Louisiane, il faud… …rs venir à soi : un arrêt dans … …*mbalaya,* une huître rissolée d… coquille avec une pers… locale, une gorgée de b… IPA dans une brasserie … coin, une halte chez un… chef célèbre pour redécouvrir le cochon cajun, un resto chinois de bord d'Interstate… Autant de plaisirs qui resteront gravés pour de bon dans la mémoire de celui ou celle qui met le pied sur le tarmac du Louis Armstrong Airport.

© STÉPHANE SAVIGNARD

Rosedown Plantation.

SOMMAIRE

Oak Alley, plantation de la canne à sucre.

DÉCOUVERTE

VISITE

Retrouvez cette offre en page 99

Un tramway nommé désir.

PENSE FUTÉ

REPÉREZ LES MEILLEURES VISITES

★ INTÉRESSANT ★★ REMARQUABLE ★★★ IMMANQUABLE ★★★★ INOUBLIABLE

La Louisiane
ARKANSAS
TEXAS
GOLFE DU MEXIQUE
Baie d'Atchafalaya
Haynesville
Homer
Minden
Bossier City
Shreveport
Lac Caddo
American Rose Center / Gardens
Ruston
Monroe
Upper Ouachita NWA
Oak Grove
Lucky
Ouachita
Winnsboro
Saline Bayou NSR
Mansfield
Winnfield
Olla
Sicily Island
Toledo Bend Res.
Natchitoches
Kisatchie NF
Lac Catahoula
Archie
Many
Natchitoches N.P.
Saline Area/ Catahoula NR
Mississippi
Flatwoods
Alexandria
Lake Ophelia NWR
Rapides
Marksville
Leesville
Forest Hill
Bunkie
Simmesport
Lutcher and Moore Area
De Ridder
Sabine
Oakdale
Atchafalaya
Ville Platte
Longville
Oberlin
Atchafalaya NWR
Opelousas
Kinder
Eunice
Sulphur
Lake Charles
Lafayette
St Martinville
Jennings
Crowley
New Iberia
Lac Calcasieu
Lake Arthur
Abbeville
Lacassine NWR
Sabine NWR
Holly Beach
Creole
White Lake
Cameron
Rockfeller WR
Pecan Island
Russel Sage State Refuge
N
0
50 km

Louisiane
Altitude
(en mètres)
0
100
Capitale
Ville importante
Ville secondaire
Zone marécageuse
Lake Providence
Tallulah
Tensas River NWR
Natchez
MISSISSIPPI
Clinton
St Francisville
Bogalusa
Bogue Chitto NWR
Hammond
Pearl River WMA
Ponchatoula
BATON ROUGE
Lac Pontchartrain
Slidell
NOUVELLE-ORLÉANS
White Castle
Metairie
La Place
Chalmette
Lacassine NWR
Aéroport international de la Nouvelle-Orléans
Marrero
Franklin
Thibodaux
Lac Salvador
Chandeleur Island
Pointe De La Hache
Morgan City
Houma
Bohemia Area
Golden Meadow
Venice
Delta NWR
Grand Isle
Tidewater
Cocodrie
Port Fourchon

Cathédrale Saint-Louis de La Nouvelle-Orléans.

DÉCOUVERTE

LES PLUS DE LA LOUISIANE

La Nouvelle-Orléans, cœur de la Louisiane

Le Vieux Carré donne tout de suite le ton : La Nouvelle-Orléans est la cité de la fête perpétuelle et du plaisir. Parmi ses fiertés, elle a vu naître le jazz et le célèbre Louis Armstrong. Son passé français et espagnol reste toujours vivace. Bourbon, Royal et Toulouse Street sont autant de noms évocateurs et de vestiges de la splendeur coloniale qui a livré à l'Amérique ses plus anciens monuments. Flâner dans le Vieux Carré est ici une activité à part entière. La Nouvelle-Orléans est aussi la cité de la gastronomie, où l'on déguste une délicieuse cuisine créole ou cajun, en terrasse ou au frais dans des patios à la végétation luxuriante. Et puis, c'est une ville empreinte de croyances entre ses fantômes qu'elle prétend nombreux et ses rites vaudous auxquels adhère une partie de la population. Mystérieuse, envoûtante, généreuse, La Nouvelle-Orléans ne vous laissera pas indifférent.

Le témoignage des plantations

La route sinueuse qui suit le cours du Mississippi est bordée par les plantations que des films comme Autant en emporte le vent ont rendues mythiques. Des somptueuses demeures à colonnades blanches aux villas créoles colorées, la visite est riche et variée. Majestueusement dressées, au bout de leurs allées de chênes aux branches démesurées et couvertes de mousse espagnole, elles baignent dans une senteur de magnolias et de roses. On y raconte le mode de vie des planteurs, l'importance des pièces d'apparat, riches d'un mobilier souvent intact tout de cyprès ou d'acajou, de belles vaisselles importées d'Europe. On y découvre aussi le quotidien des esclaves. Prenez le temps de flâner dans les jardins, de vous balancer sur un rocking chair et de chercher des yeux ce bon vieux Mississippi. Inoubliables, les visites de ces plantations permettent de mieux comprendre l'histoire de la Louisiane, des premières implantations de créoles français à la grande époque de la production de sucre, de coton et d'indigo en passant par l'esclavage et l'épisode tragique de la guerre de Sécession.

Les bayous et les marécages

Le Mississippi, surnommé « le père des fleuves », inonde le sud de la Louisiane et alimente ses bayous et marécages. Les *swamp tours* (ou visites guidées des marécages) sont le meilleur moyen de les parcourir et de découvrir son incroyable faune et flore. Ici règne l'alligator. De la minuscule progéniture protégée par des mères possessives aux mastodontes surveillant leur territoire avec vigilance, vous pourrez rencontrer cet animal fascinant dans son habitat et mieux comprendre son mode de vie. Une occasion unique de dériver à travers des forêts de cyprès, arbre emblématique de la Louisiane. Plus ou moins recouverts de mousse espagnole, abritant des nids d'aigles royaux en leurs sommets ou des cabanes de ratons-laveurs à leurs pieds, refuges de nombreux oiseaux ou petits mammifères, ils créent des paysages surprenants. Les visites guidées peuvent prendre l'allure de véritables conférences sur cet écosystème unique.

Le pays cajun et la culture acadienne

Nos lointains cousins vous séduiront par leur gentillesse, leur joie de vivre et leur générosité. Un arrêt en pays cajun est indispensable. L'histoire des Acadiens est marquée d'épisodes difficiles qu'ils ont surmontés en s'installant dans le sud de la Louisiane, terre pourtant peu hospitalière, mais dont ils ont tiré le meilleur en inventant une cuisine riche, goûteuse et fortement épicée, comme eux ! Les Cajuns (ou Acadiens) apprécient le contact avec les francophones et se plaisent à raconter leur histoire et leur pays. Ils n'osent pas toujours parler ce français qu'ils considèrent archaïque et sujet à moquerie, alors qu'il est si délicieusement coloré. Il ne faudra pas hésiter à les encourager, puis les accompagner à un « fais-dodo » et accepter une danse sur les rythmes endiablés des groupes locaux.

Une cuisine originale et savoureuse

Oasis de saveurs, de senteurs, de couleurs et d'ingéniosité dans l'espace culinaire américain, la Louisiane compte des plats originaux avec une grande variété d'une région à l'autre. Parce qu'elle dispose d'une incroyable richesse d'ingrédients (viandes, poissons, crustacés, fruits et légumes) et qu'elle a su les accommoder en s'inspirant des meilleures pratiques indiennes, françaises, espagnoles et de toute la Caraïbe, la Louisiane séduira à coup sûr vos papilles. Des plats typiquement créoles ou cajuns comme le *gumbo* ou le *jambalaya*, le poisson-chat, les écrevisses vapeur ou à l'étouffée, l'alligator sauce piquante ou de simples sandwiches comme les *po-boys* ou les *muffulettas* sont autant de mets savoureux.

Bananes, sucre de canne, noix de pécan et cannelle adouciront vos fins de repas. La Louisiane sera aussi un véritable voyage gastronomique ou une nouvelle façon de redécouvrir des plats traditionnels européens cuisinés à la sauce louisianaise.

DÉCOUVERTE

Le gumbo est le plat cajun à côté duquel le voyageur ne pourra passer, Houma.

LA LOUISIANE EN BREF

Pays

- **Nom officiel :** Louisiana.
- **Capitale :** Baton Rouge.
- **Superficie :** 134 264 km² soit moins du quart de la France.
- **Langues :** anglais.

Population

- **Nombre d'habitants :** 4 625 470 habitants.
- **Composition :** Blancs 63,5 % (dont 4,2 % de Latinos) ; Noirs 32,4 % ; Asiatiques 1,7 %.
- **Espérance de vie :** 75,71 ans en moyenne.
- **Religion :** près de 60 % des Louisianais sont protestants (baptistes, méthodistes, pentecôtistes) et près de 25 % sont catholiques. Une communauté juive particulièrement importante pour un Etat du Sud est installée à La Nouvelle-Orléans, ainsi qu'à Baton Rouge et à Shreveport. Sans que l'on puisse chiffrer ses adeptes, le vaudou est pratiqué dans le sud de la Louisiane.

Économie

- **Monnaie :** US$.
- **PIB :** 257 millions US$.
- **PIB/habitant :** 43 145 US$.
- **PIB/secteur :** l'agriculture, la pêche (avec la deuxième flotte du pays), l'exploitation pétrolière et gazière et l'industrie audiovisuelle tiennent le haut du tableau avec le tourisme.
- **Taux de chômage :** 6,6 %.

Décalage horaire

Moins 7 heures par rapport à Paris en été comme en hiver. Notez qu'il n'y a pas de vol direct d'Europe vers la Louisiane. Compter entre 11 et 14 heures de voyage selon les compagnies.

Climat

La Louisiane présente un climat subtropical avec des variations de température importantes, un été très chaud et des hivers doux.

Le drapeau de la Louisiane

Le motif de l'actuel drapeau de la Louisiane date de 1800, mais est officiellement adopté en 1912. Le pélican brun y apparaît en blanc et or sur fond bleu marine. Représentation de la charité chrétienne, la femelle pélican déchire sa propre chair afin de nourrir sa progéniture. C'est le sacrifice par amour. C'est le symbole de l'Etat nourrissant ses citoyens. Sur un ruban est inscrite la devise de la Louisiane : Union, Justice et Confiance.

LA LOUISIANE EN 10 MOTS-CLÉS

Alligator

En Louisiane, comme en Floride, vous rencontrerez de nombreux alligators pendant votre séjour. L'alligator est présent sous toutes ses formes, dans les assiettes avec une sauce piquante, dans les légendes populaires – les Cajuns pensent qu'un alligator jaune porte malheur – et même au téléphone, puisqu'il existe un numéro spécial à contacter en cas d'intrusion d'un de ces prédateurs chez vous !

Bayou

Bayou est un nom indien qui signifie « petit cours d'eau ». Les bayous sont des étendues d'eau stagnantes, ponctuées de cyprès chauves, qui s'étendent dans une jungle verte au sud de l'Etat et permettent de superbes balades en canoë.

Brass band

Brass band peut être traduit par « fanfare ». Ce ne sont pas les fanfares que l'on peut voir défiler le 14 juillet sur les Champs-Elysées à Paris. C'est plutôt une version funk-jazz d'une section de cuivres et de percussions qui vont, dans un boucan incroyable, apporter une ambiance extraordinaire et une envie de se trémousser dès les premières notes. Même quand les *brass bands* dirigent les convois funéraires, la musique reste toujours très gaie.

Alligator.

Cajun ou créole

Comment faire la différence ? Les cultures cajun et créole se mêlent inlassablement (cuisine, langue, coutume, croyances...).

Si vous n'êtes pas cajun ou créole, ou si un de vos ancêtres ne l'est pas, vous n'êtes sûrement pas de Louisiane, ou alors vous êtes un Indien natif américain. Les Cajuns sont arrivés en Louisiane du Nord du continent, l'Acadie (l'actuelle Nouvelle-Ecosse) après le Grand Dérangement. Tandis que les créoles sont les descendants des Européens venus directement d'Europe, ou passés par l'Afrique et les Caraïbes.

Crawfish

La reine de la Louisiane. Dans la famille des crustacés, l'écrevisse de Louisiane ressemble à un très petit homard. De décembre à août, les Louisianais se délectent de leurs écrevisses. On les goûte dans beaucoup de plats locaux. Lors des nombreux festivals, on les mange principalement bouillies dans un énorme fait-tout avec des pommes de terre, du maïs, de l'oignon, de l'ail et des saucisses cajuns. Le tout est bien sûr toujours relevé par les épices cajuns, un sel mélangé de piment.

Jazz

Le jazz a révolutionné la musique du XXe siècle, sa façon de l'interpréter et de la danser. Né à La Nouvelle-Orléans, il est issu des chants et de la musique des esclaves. Ils travaillaient dur à des tâches répétitives et bien vite les chants et la musique de leur continent d'origine, l'Afrique, rythmèrent leurs travaux. Le style se distingue par les instruments utilisés : trombone, trompette, clarinette puis saxophone pour les instruments à vent, banjo ou piano pour les instruments à cordes. Un bon jazz band, c'est aussi une bonne section rythmique composée d'un batteur, d'un contrebassiste ou d'un tuba.

Enseigne lumineuse de La Nouvelle-Orléans.

Portrait d'un jazzman de la Nouvelle-Orléans.

Violet, vert et jaune sont les couleurs du carnaval.

Mardi Gras

Mardi Gras est un hommage au génie festif de La Nouvelle-Orléans et certaines régions de Louisiane. Le jour de Mardi Gras est l'apogée de plusieurs journées de défilés et de festivités. La préparation des parades et leurs défilés dans les rues bloquent les artères principales de La Nouvelle-Orléans. Le jour J, la ville s'arrête pour défiler dans les rues et vivre au rythme de la fête.
Si La Nouvelle-Orléans organise la plus grande fête de Mardi Gras, les villes de Baton Rouge et Lake Charles ne sont pas en reste non plus.

Plantations

Les plantations sont les demeures des propriétaires terriens et planteurs de canne à sucre, de coton ou d'indigo suivant l'époque. Créoles ou de style Renaissance grecque, elles sont une figure incontournable de l'architecture historique de la Louisiane. Vous y ressentirez un air d'*Autant en emporte le vent* en empruntant les allées majestueuses de chênes donnant sur les porches de ces somptueuses demeures. Nombreuses sont les plantations qui ont conservé des meubles d'époque. Vous pourrez voir des plantations surtout autour de La Nouvelle-Orléans, Baton Rouge et Natchitoches.

Streetcar

Le tramway de La Nouvelle-Orléans est l'un des plus connus des Etats-Unis, autant que celui de San Francisco, et surtout depuis que Tennessee Williams, en 1950, l'a immortalisé dans sa pièce *A Streetcar named Desire* (*Un Tramway Nommé Désir*).

Colliers de Mardi gras.

L'adaptation cinématographique de cette pièce par Elia Kazan, avec Vivien Leigh et Marlon Brando, connaîtra également un succès retentissant.

Swamp tour

Le meilleur moyen de découvrir les fameux bayous et marécages de Louisiane. L'*airboat*, le canoë ou le bateau à moteur vous permettront de glisser à vive allure à travers ces vastes étendues et de vous approcher au plus près de la faune locale. Ils vous permettront aussi d'approcher le roi alligator en toute sécurité, d'observer les milliers d'oiseaux peuplant la région du sud de la Louisiane ou de vous émerveiller sur un coucher de soleil embrasant la forêt de cyprès.

SURVOL DE LA LOUISIANE

Géographie

Occupant un territoire grand comme un quart de la France, la Louisiane se partage en cinq régions aux paysages très différents qui tous, cependant, ont un point commun : l'absence de relief et une altitude proche du niveau de la mer. Cela est vrai partout sauf dans le nord de l'Etat où de petits vallons viennent casser la monotonie d'un paysage cependant magnifique.

Climat

Chaleur et humidité sont les deux constantes du climat subtropical louisianais. Les températures sont en conséquence de très agréables à très désagréables tout au long de l'année, variant entre 5 et 10 °C en hiver et 40-45 °C pendant les mois d'été.

Le printemps est magnifique (surtout en avril-mai), l'air est tiède, il ne fait pas encore trop humide et la végétation est en pleine floraison. Les amoureux de la flore ne résisteront pas aux charmes louisianais. L'été est très éprouvant (90-100 °F, soit plus de 35-45 °C) et souvent très humide (80-90 % d'humidité dans l'air). Les ondées sont parfois fréquentes. Le mois d'août marque le grand rendez-vous avec les orages violents et la saison des ouragans (d'août à novembre). Il n'est pas rare de voir les routes se recouvrir rapidement de cinquante centimètres d'eau.

Environnement

L'érosion, les rejets issus de l'agriculture et les tempêtes ou ouragans détruisent les marécages louisianais de manière dramatique : imaginez 21 000 terrains de football engloutis chaque année…

L'ouragan Katrina

Le 29 août 2005, l'ouragan Katrina a changé pour toujours le Sud de la Louisiane et surtout La Nouvelle-Orléans. Plus de 80 % de la ville de La Nouvelle-Orléans a été inondée et l'eau salée y a stagné pendant des semaines. Quand l'ouragan Rita est arrivé quelques jours plus tard, les quartiers qui n'avaient finalement plus d'eau et commençaient à sécher ont à nouveau subi les dégâts des inondations, parce que les travaux de consolidation de la digue n'avaient pas été achevés. En dépit de cette incroyable dévastation, les Louisianais ont reconstruit, sauvé ce qu'ils ont pu en continuant à faire leur maximum pour ne pas avoir à revivre une autre catastrophe. La vie a lentement repris son cours normal, dans certains endroits, avec plus de dynamisme et de détermination. Aujourd'hui, la Nouvelle-Orléans est parvenue à panser une partie de ses blessures. Cependant certaines parties de la ville ne resteront plus qu'un souvenir.

Le Mississippi

Long de 3 778 km, le Mee-zee-see-bee était le « Père des eaux » pour les Indiens d'Amérique. Les esclaves noirs, qui le surnommaient Old Miss' ou Old Al' (pour *alligator*), l'invoquaient souvent afin qu'il produise le brouillard et que le travail cesse. Lorsqu'il faisait beau, ils l'aidaient un peu en y jetant des plants de tabac, espérant qu'ainsi le Vieux Al' bourrerait sa pipe et se mettrait à fumer. Tout en méandres, le Mississippi se courbe pour mieux séduire et embourber les aventuriers qui voyagent sur son dos. Les premiers explorateurs redoutaient les inondations impressionnantes que sa colère provoque. Au fil des siècles, un système de contrôle, de drainage et de dérivation du fleuve a été mis en place, mais les caprices du « Père » ont anéanti plusieurs fois la région, notamment en 1912, 1913 et 1927. Mais depuis les inondations survenues lors de l'ouragan Katrina, en septembre 2005, ce système de contrôle des crues du fleuve sur la région de La Nouvelle-Orléans est remis en question et réétudié.
Aujourd'hui le fleuve reste la voie de communication privilégiée pour les marchandises lourdes, mais le trafic a largement diminué depuis l'invention de la voiture et bien peu nombreux sont les romantiques qui préfèrent se promener sur le Mississippi plutôt que d'emprunter un moyen de transport plus rapide.
Le Grand Fleuve se jette dans le golfe du Mexique après avoir noyé tout le sud de la Louisiane, créant les bayous et un immense delta qui est le refuge favori de millions d'oiseaux et d'animaux aquatiques.

Pour restaurer ces marécages côtiers, l'Etat de Louisiane a mis au point un vaste programme de reconstruction de barrières naturelles, de modification des cours d'eau et de déplacement de sédiment ou encore de reboisement.
L'ouragan Katrina a détruit 350 km^2 de marécages, détruisant également les villages, les infrastructures de pompage du pétrole et du gaz naturel, les zones naturelles de pêche, de faune et de flore. Depuis, la législature louisianaise a mis en place une entité pour établir un état des lieux et prendre les mesures nécessaires pour la restauration, la conservation et la protection des côtes et des marécages.

Faune et Flore

Faune

La faune est très riche et vous vous en apercevrez très rapidement.

- **Oiseaux.** Des milliers d'espèces d'oiseaux ont adopté la Louisiane pour passer l'hiver, voire l'année entière. D'avril à mai, le retour des oiseaux migrateurs est un spectacle époustouflant. Le pélican brun, emblème de l'Etat, se reproduit sur les côtes du golfe du Mexique. Et puisque vous êtes toujours en Amérique du Nord, vous croiserez l'aigle royal nichant au sommet des cyprès dans les marécages.

En guise de moineaux et merles, vous remarquerez les très agités et très bruyants geais bleus, ainsi que les cardinaux au rouge très affirmés ou encore les omniprésentes aigrettes.

Faune aquatique. Lacs, bayous, marécages fourmillent de poissons d'eau douce (carpes, poissons-chats, truites), de crustacés (écrevisses, crevettes, huîtres) et de reptiles tels les tortues d'eaux, certaines gigantesques et incroyablement carnivores. A l'évidence nous n'oublierons pas l'incontournable alligator. Les alligators ont une gueule plus plate et plus large que celle des crocodiles. Chacun cependant aime montrer son impressionnante denture : même la gueule fermée, quatre gigantesques dents restent visibles. Un alligator peut vivre jusqu'à 80 ans et atteindre jusqu'à 3 à 4 m pour les plus vieux.

Mammifères. La Louisiane compte aussi un grand nombre de mammifères : ratons laveurs, opossums, tatous, biches, renards, ours, coyotes. La région de Sportsman's Paradise est connue pour être la Mecque louisianaise des chasseurs de gibiers.

Flore

Terre fertile, chaleur et pluies intenses : toutes les qualités sont réunies pour que la végétation soit abondante. Avec 4 500 espèces végétales, la Louisiane fait honneur à la nature. Dans la région des marais, les saules bordent les bayous recouverts de jacinthes d'eau. Le cyprès chauve, imputrescible, vit les pieds dans l'eau sans problème. Il est souvent recouvert de mousse espagnole. Ce n'est pas un parasite, elle vit uniquement d'air et d'eau et est très douce au toucher. Elle était autrefois utilisée pour rembourrer les matelas.

Les terres drainées favorisent la culture du coton et de la canne à sucre. Les terrains marécageux voient pousser les cyprès, les ormes, les palmiers nains. Nénuphars, iris, hibiscus, chèvrefeuille, roseaux, pins, pacaniers, chênes, hêtres, bambous, gommiers, fleurs des villes et fleurs des champs sont légion. Le magnolia est la reine des fleurs louisianaises. Les azalées sont aussi au printemps une fleur que vous verrez recouvrir entièrement de couleurs éclatantes tous les jardins louisianais.

Aigrette dans le bayou, La Nouvelle-Orléans.

HISTOIRE

Premiers habitants : de la préhistoire aux nations indiennes

Bien avant l'arrivée des Indiens puis des différents colons, avant celle des Acadiens, des Espagnols et enfin des Américains du Nord, le bassin du Mississippi était déjà un lieu de regroupement humain représentant une population relativement importante.

De la préhistoire, il nous reste des outils en pierre polie et des pointes de flèches, mais aussi de nombreux tumulus (mounds) que l'on peut encore découvrir en de nombreux points à travers l'Etat. Les cultures Hopewell (de 800 à l'an 1er av. J.-C.) et mississippiennes (de 1500 à 800 av. J.-C.), ou « bâtisseurs de tumulus » formaient des communautés agricoles très organisées.

Au XVIe siècle, les premiers Européens découvrent sur les rives de Sainte-Catherine les villages des Indiens natchez et tout un système social structuré, avec une société de classes, des prêtres et des chefs.

De ces premiers Louisianais restent quelques Houmas (les plus nombreux), les Coushattas et les Tunica-Bolixis.

Explorations et installations européennes

L'aventure européenne de la Louisiane commence en 1519 lorsque l'Espagnol Alvarez de Pineda découvre l'embouchure du Mississippi. Mais les conquistadors se lassent de ne pas trouver l'eldorado recherché et abandonnent la partie. Près de cent cinquante ans s'écoulent. Les Français, présents en Nouvelle-France (Québec), relèvent alors le défi.

Le XVIIIe siècle et la Louisiane française

Possession prise, les Français érigent des forts et établissent les premières implantations tout le long de la côte du golfe et de la vallée du Mississippi. En 1718, Le Moyne de Bienville établit une implantation à l'embouchure du Mississippi afin de sécuriser cette région stratégique : il la nomme La Nouvelle-Orléans, en l'honneur de Philippe, duc d'Orléans, régent de l'époque.

Le gouvernement royal dote néanmoins le territoire d'une Constitution et organise son peuplement.

En 1712, le riche financier Antoine Crozat se voit concéder le commerce avec la colonie par une monarchie aux caisses bien vides. En 1717, l'administration de la colonie, qui peine à croître, est confiée au régent à la Compagnie d'Occident, créée par l'Ecossais John Law, dont les idées en matière de finance vont révolutionner le capitalisme. John Law va aider la France en créant la Banque générale autorisant à frapper du papier monnaie contre de l'or, établissement qui deviendra la Banque royale garantie par le roi.

Par une habile campagne de presse vantant les beautés et les richesses du pays, Law persuade des milliers de candidats de tenter l'aventure, tandis que d'autres sont enrôlés de force.

Après les guerres franco-germaniques, quelque 2 000 Allemands fuient leur pays, la famine et les maladies et se réfugient en Louisiane où ils remboursent leur voyage et achètent leur liberté grâce à leur travail. John Law acquiert également la Compagnie du Sénégal, qui détient le monopole du commerce des esclaves. Les premiers esclaves noirs sont acheminés en Louisiane en 1719. Ils arrivent au nombre de 3 000 entre 1720 et 1731. Le fossé entre le portrait idyllique dressé par la Compagnie d'Occident et les conditions de vie rencontrées par les colons est énorme. La campagne de promotion orchestrée par Law est stoppée net en 1720 lorsque parviennent en France les échos de la brutalité des conditions de vie à la colonie. La Compagnie d'Occident survit et continue d'administrer la colonie jusqu'en 1731, année marquant le retour de la Louisiane sous l'administration monarchique. Sous perfusion française, car ne produisant pas assez de richesses, la Louisiane n'est pas une très bonne affaire. Anglais et Français ne s'entendent pas plus dans le Nouveau Monde que sur le sol de la vieille Europe. L'année 1763 marque la fin de la guerre de Sept Ans et la défaite française, qui perd ses possessions du Canada. Pour la France, la présence en Louisiane n'est plus stratégique. Louis XV cède donc La Nouvelle-Orléans et les terres situées à l'ouest du Mississippi à son cousin, Charles III d'Espagne. En 1763, le traité de Paris concède à l'Angleterre tous les territoires se trouvant à l'est du Mississippi (à l'exception de La Nouvelle-Orléans).

La Louisiane espagnole

A partir de 1766, les Espagnols viennent hispaniser la Louisiane. Le transfert de la Louisiane à l'Espagne est accueilli avec surprise et colère par une population majoritairement française. Après une période de troubles, la paix revient entre les deux communautés et les mariages mixtes sont encouragés. Chaque contingent apporte ses arts et ses coutumes qui enrichissent une mosaïque déjà bien diversifiée.

Le Grand Dérangement

En 1713 en Nouvelle-France, le traité d'Utrecht cède aux Anglais l'Acadie francophone, située dans l'actuelle province canadienne de Nouvelle-Écosse. Ordre est donné à ces Acadiens rebelles (ils refusent de prêter allégeance à la Couronne britannique) de quitter les lieux. En 1753, le gouverneur Charles Lawrence profite d'une reprise des combats pour les déporter. Ainsi, plus qu'un exode ou un exil, c'est bien une déportation que l'on désigne sous le nom de « Grand Dérangement ». La destination ? La côte Est de l'Amérique du Nord. En plein hiver, ce sont près de 6 500 personnes qui sont embarquées de force sur les bateaux de l'armée anglaise. S'ensuit alors une longue marche vers le sud, vers la Louisiane (1764) et ses marécages et plaines humides dont personne ne veut. Les Espagnols leur donnent des terres le long de la rivière Atchafalaya et au bord du bayou Lafourche. Leur « territoire » – appelé Acadiana ou pays cajun – est aujourd'hui délimité par la frontière du Texas à l'ouest, les Avoyelles au nord et le delta du Mississippi à l'est, autour de la capitale acadienne Lafayette. Depuis 1976, la culture cadienne longtemps opprimée connaît un renouveau grâce à sa musique et à sa cuisine notamment.

La vente de la Louisiane aux Etats-Unis

En 1800, Napoléon Bonaparte et Charles IV d'Espagne signent la convention de

San Ildefonso : la Louisiane se retrouve de nouveau française. Mais pas pour longtemps. En 1802, le président Thomas Jefferson voit d'un mauvais œil le renforcement des troupes armées françaises à La Nouvelle-Orléans. Les Américains proposent plusieurs plans allant de l'achat de territoires le long du Mississippi à la concession des droits perpétuels de navigation et de déchargement de marchandises. Ces négociations sont sans succès. Mais la France fait face à une situation difficile. En 1803, Napoléon, qui a besoin d'argent pour financer la guerre contre l'Angleterre, stupéfait Monroe et Livingston. C'est à prendre ou à laisser : ou les Etats-Unis achètent l'ensemble de la Louisiane ou ils n'obtiennent rien. Les jeunes Etats-Unis d'Amérique (indépendants et unis depuis 1776) achètent donc la Louisiane pour 15 millions de dollars. Voici la Louisiane américaine, enfin... presque. Encore dix années de tracasseries administratives et d'annexions diverses et elle devient, en 1812, le 18e Etat de l'Union.

Développement économique de la Louisiane

Une période de prospérité s'installe, la population augmente, des commerçants bâtissent de gigantesques fortunes. Les premiers bateaux à vapeur sillonnent le Mississippi avec, à leur bord, salles de jeux, belles du Sud en crinolines et planteurs. Grâce au travail des esclaves, les exploitations de canne à sucre, de coton et de tabac prospèrent. En 1820, la Louisiane compte 153 000 habitants. Vingt années plus tard, sa population est passée à 352 000 habitants. En 1860, sur 700 000 habitants, la moitié sont des esclaves. En janvier 1861, la Louisiane est le sixième Etat à faire sécession, mais est bien vite divisée en deux : les Confédérés sont à l'ouest et les forces de l'Union campent à La Nouvelle-Orléans. L'Union prend les places fortifiées une à une. Port Hudson, dernier retranchement des Confédérés, tombe aux mains de l'Union en juillet 1863. Les Confédérés conservent cependant le nord et l'ouest jusqu'à la fin de la guerre.

La Reconstruction

La défaite du Sud, en 1865, place la Louisiane sous régime militaire. L'esclavage est aboli. Mais les institutions louisianaises restent dominées par les ex-Confédérés. Le droit de vote est alors refusé aux Noirs. En 1866, des émeutes raciales se transforment en bain de sang. En 1867 et en 1868, le Congrès vote les Reconstruction Acts et rétablit le gouvernement militaire. La Louisiane doit se doter d'une Constitution acceptable pour réintégrer l'Union, ce qu'elle fait en juin 1868, grâce à une nouvelle Constitution instituant le droit de vote pour tous les hommes ayant atteint leur majorité et quelle que soit leur race.

La Nouvelle-Orléans, ville prospère

Dans les années 1880, la Louisiane retrouve le niveau de production de coton, de riz et de sucre d'avant-guerre. A La Nouvelle-Orléans, le trafic maritime reprend de plus belle. La perspective d'un commerce international florissant est renforcée par la construction des voies de chemin de fer en Louisiane. Au début du XXe siècle, l'activité du port de La Nouvelle-Orléans, redevenu l'un des plus importants du pays, est encore stimulée par l'ouverture du canal de Panama ouvrant le commerce avec l'Amérique latine.

Exploitation des ressources naturelles et grands travaux

Entre 1900 et 1910, d'importants gisements de pétrole, puis de gaz naturel sont découverts en Louisiane. Ces découvertes initient le développement industriel du nord de la Louisiane et la ville de Shreveport prend son essor. Pendant la Première Guerre mondiale, de nombreux Louisianais s'engagent dans l'armée pour servir d'interprètes aux troupes envoyées en France. De 1928 à 1935, porté au pouvoir du fait du mécontentement des classes rurales et dans un contexte de difficultés économiques, le gouverneur Huey P. Long développe les transports, les hôpitaux, le système routier, les écoles. Le sous-sol regorgeant de pétrole, le produit de l'or noir coule dans les caisses de l'Etat, tandis que l'industrie se développe et que des complexes chimiques s'installent le long du Mississippi. Mais le pétrole est coûteux à extraire, les cours fléchissent inexorablement à partir de 1981 et les compagnies délaissent peu à peu la Louisiane pour le Texas voisin. En décembre 1985, le marché s'effondre et entraîne avec lui une économie louisianaise basée sur l'industrie du pétrole.

Les années 1990

Au début des années 1990, la Louisiane est l'un des cinq Etats les plus pauvres des Etats-Unis. En 1995, Mike Foster est l'un des premiers hommes d'affaires à avoir été élu gouverneur dans l'histoire politique récente en Louisiane. Mike Foster fut un gouverneur réformateur, connu pour son honnêteté et sa franchise. En 1999, les Louisianais lui confient un nouveau mandat pour quatre ans.

Les années 2000

Le 29 août 2005, l'œil de l'ouragan Katrina passe trop près de La Nouvelle-Orléans. Une brèche dans la digue laisse s'écouler des tonnes d'eau qui se déversent dans les quartiers résidentiels riches et pauvres de La Nouvelle-Orléans. Les autorités locales et nationales mettent tellement de temps à réagir que les aides et secours n'arrivent pas assez vite pour sauver les quelques milliers de personnes restées sur place. Le maire de La Nouvelle-Orléans, Ray Nagin, est réélu en 2006. Début 2007, les travaux de la digue sont tout juste terminés pour la saison des ouragans. Le 20 octobre 2007, Bobby Jindal est élu gouverneur de l'Etat. A l'âge de 36 ans, il devient le plus jeune gouverneur aux Etats-Unis et le premier de nationalité indienne-américaine de l'histoire du pays. Le 31 août 2008, l'ouragan Gustav s'échoue sur les rives de la Louisiane en faisant de nombreux dégâts sur le sud et sur Baton Rouge.Le 20 avril 2010, la plate-forme pétrolière Deepwater Horizon explose à 70 km des côtes de La Nouvelle-Orléans. La société Transocean, propriétaire de la plate-forme, première compagnie de forage offshore du monde, est mise en cause, avec ses partenaires Halliburton et BP, locataire de la plate-forme. Pendant 87 jours, BP va lutter pour arrêter la fuite et boucher les trous du puits de pétrole. Quelque 4,1 millions de barils de brut se seront déversés dans les eaux du golfe, bouleversant l'industrie de la pêche et le tourisme, et fragilisant l'équilibre écologique des marécages de Louisiane et des plages d'Alabama. En mars 2012, le procès de BP débute et se boucle très rapidement à l'amiable : 7,8 milliards d'indemnisation sont accordés aux différents plaignants.

Aujourd'hui

Dix ans après Katrina, la reconstruction de La Nouvelle-Orléans ressemble toujours à un « patchwork de réussites et de ratages », comme l'avait déjà constaté Obama pendant sa campagne. Si les quartiers touristiques ont été bichonnés, ce n'est pas le cas des quartiers les plus humbles comme le Ninth Ward. Les habitants les plus démunis vivotent dans des caravanes ou dans les ruines de leur maison, entourés de magasins vides et de terrains vagues où une véritable jungle vient parfois reprendre ses droits. Sur les 450 000 habitants d'avant Katrina, seuls 300 000 sont revenus. La crise économique n'a rien arrangé et le tourisme a fortement chuté ; mais il explose à nouveau ces dernières années (9,52 millions de touristes en 2014). Les habitants gardent donc le moral, fiers de leur jazz et de leur art de vivre. Pour lutter contre l'oubli et l'immobilisme, certaines vedettes sont même montées au créneau, comme Brad Pitt qui s'était installé en ville avec femme et enfants (sa maison était en vente en 2015) et a lancé un projet immobilier pour redynamiser le quartier sinistré du Ninth Ward (makeitright.org).

La Nouvelle-Orléans retrouve doucement sa place de capitale économique et culturelle, et la dynamique de renouveau que connaît la ville a été saluée par Barack Obama lors de sa visite en août 2015. Venu commémorer les dix ans de la catastrophe de Katrina, il a notamment visité le quartier de Tremé, symbole de la résilience de la ville. Lors des commémorations de la catastrophe, les discours du gouverneur de Louisiane Bobby Jindal, d'Obama et des anciens présidents Bill Clinton et George W. Bush (très critiqué pour sa gestion de Katrina) se sont succédé en hommage aux victimes et aux habitants qui ont su se relever et reconstruire la ville.

DÉCOUVERTE

© STÉPHANE SAVIGNARD

Old Governor's Mansion, Baton Rouge.

POPULATION

Démographie

L'histoire de la Louisiane est un véritable brassage ethnique qui fait de cet Etat un des meilleurs exemples du *big melting pot* américain. Le choc des populations a souvent été rude sur cette terre de conquête qui a vu passer les couronnes des Français, Espagnols ou Anglais avant de devenir américaine et de subir les affres de la guerre civile. Si les tensions sont lointaines et que les populations venues d'Europe se sont assimilées à la population américaine, les populations noires et indiennes restent malheureusement trop souvent dans une situation économique précaire et vivent à l'écart dans des ghettos.

Langues

Ne croyez pas que la Louisiane soit bilingue. La langue officielle est l'anglais. Le pays n'est resté français que 80 ans, il y a bien longtemps ! On parle français dans la région de Lafayette (et encore !). La communauté française n'est pas très soudée, ni active. Beaucoup de Français installés en Louisiane sont des profs venus de pays francophones pour enseigner le français dans les écoles louisianaises. Selon le recensement de 1990, à peu près 250 000 Louisianais ont répondu que le français était la langue principale parlée chez eux.

Culture

La structure de la population louisianaise a fortement évolué avec l'américanisation de l'Etat et l'arrivée massive des populations anglo-saxonnes. Cependant il demeure une forte population directement issue des présences de l'époque coloniale. D'après le dernier recensement, 67 % de la population est d'origine blanche, 31 % d'origine noire et 2 % d'origine hispanique. Les origines françaises sont encore notables, même si le français n'est devenu qu'une langue pratiquée rarement.

Éducation

La structure éducative est la même que partout ailleurs aux Etats-Unis. Les universités louisianaises sont d'ailleurs prisées et accueillent de nombreux étudiants du Nord du continent, des Caraïbes et de nombreux autres pays, en raison de la qualité des cursus d'études francophones ou des cursus classiques. Il reste que globalement cet Etat souffre d'un déficit d'éducation tout particulièrement au sein des populations les moins favorisées. Le décrochage scolaire et l'illettrisme sont des fléaux que le gouvernement de Louisiane s'attache à combattre à travers divers programmes éducatifs.

Habitat

L'habitat louisianais est adapté au climat difficile de l'été. Les maisons sont souvent de couleurs vives et joliment décorées. Dans les quartiers résidentiels ou à la campagne, de nombreux jardins luxuriants sont soigneusement entretenus. Ils s'agrémentent souvent de fontaines qui apportent un peu de fraîcheur dans les patios. De nombreuses habitations ont un porche équipé de chaises à bascule permettant de profiter de la douceur des soirs de printemps ; certaines sont sur de petits pilotis qui permettent de faire circuler l'air et ainsi de rafraîchir l'habitation. Aujourd'hui, la climatisation outrancière est largement répandue et gaspille des quantités effroyables d'énergie.

La Louisiane est très sensible à la préservation de l'habitat typique. De nombreux quartiers ont été menacés de délabrement, à commencer par le Quartier français à La Nouvelle-Orléans. Des commissions sont très actives dans ce domaine et permettent de réhabiliter et de très bien mettre en valeur de nombreuses résidences.

Religion

La Louisiane est, comme les autres Etats du Sud, très influencée par la religion. On y compte de nombreux lieux de cultes et confessions.

Les religions dites traditionnelles

Le catholicisme est largement répandu et majoritaire en pays cajun et à La Nouvelle-Orléans. Cette dernière est d'ailleurs très fière d'avoir la plus ancienne cathédrale des Etats-Unis. Avant l'américanisation, il n'était pas de bon ton d'afficher une appartenance à une autre religion que la religion catholique. Les protestants faisaient l'objet d'un vrai mépris de la part des créoles et la religion juive était totalement interdite. Une clause du Code Noir, mis en place pour réguler la population esclavagiste, mentionnait que tout juif serait expulsé du territoire.

Aujourd'hui, plus de la moitié des enfants blancs vont dans une école religieuse. Des centaines d'adultes ont appris à lire et à écrire avec les religieuses qui pendant des années pouvaient prendre gratuitement les transports en commun en reconnaissance de leur dévouement à l'enseignement. Le code civil louisianais, basé sur le code Napoléon, est influencé par l'éducation catholique, surtout en ce qui concerne les règles de la famille.

Aujourd'hui, les lieux de culte restent régulièrement fréquentés et très animés. Faut-il rappeler que le gospel a des racines en Louisiane et qu'il rythme la plupart des cérémonies religieuses ?

Le vaudou

Le vaudou est une religion matriarcale, née au Bénin, au Togo et au Nigéria et importée en Louisiane par les esclaves. La religion entière se base sur le fait que les hommes vivent dans un monde où les esprits, partout présents, contrôlent leurs actions.

Beaucoup d'idées fausses circulent sur le vaudou, notamment qu'il serait maléfique. Hollywood est en grande partie responsable. Par exemple, les poupées vaudou, à l'origine, ne servaient pas à faire le mal mais plutôt à guérir.

La Nouvelle-Orléans a toujours vécu au rythme des cérémonies vaudou. Les Noirs pratiquaient leurs danses étranges dans Congo Square, tout près du cimetière Saint-Louis. Encore aujourd'hui, c'est là que vous trouverez le plus d'informations sur la religion. Dans le reste de la Louisiane, si les pratiques existent, elles sont presque invisibles pour qui n'est pas du coin. A l'exception de quelques maisons vaudous, barricadées de croix et de chapelets, vous n'en verrez aucun signe.

ARTS ET CULTURE

Architecture

Les vagues d'arrivants aux origines variées ont contribué à la richesse architecturale de la Louisiane : du style créole urbain ou campagnard, enrichi d'apports espagnols en passant par le néo-classicisme d'inspiration grecque ou l'architecture victorienne. Des styles aux adaptations évidemment dictées par le climat et qui donnent à la Louisiane son caractère si particulier.

L'héritage créole

Très peu d'habitations de style colonial français subsistent à La Nouvelle-Orléans. La plupart ont tout simplement brûlé lors des incendies qui dévastèrent La Nouvelle-Orléans. De ces « cases » aux murs épais, faits de briques et de bousillage (mélange de boue, de crins de chevaux et de mousse espagnole), tenus par des structures en bois (briqueté entre poteaux) aux toits inadaptés au climat louisianais, il ne reste que quelques vestiges dans le Vieux Carré, dont l'un des exemples les plus connus est le Laffitte's Blacksmith Shop (au coin des rues Bourbon et St Philip). La région de Natchitoches conserve elle aussi certaines de ces demeures les plus représentatives du style colonial français.

Les plantations

L'expérience des esclaves noirs, notamment des Sénégalais, fut cruciale dans la construction des demeures coloniales louisianaises. Excellents bâtisseurs, les esclaves réalisent les fondations des plantations en briques et les piliers avec le cyprès des marais avoisinants. Leur technique permettait aux murs porteurs d'évacuer l'humidité des sols tout en conservant un peu de fraîcheur au niveau des fondations, ce qui permettait de mieux stocker les provisions... et surtout le vin importé de France ! La base des habitations, légèrement surélevée, permet une meilleure circulation de l'air, indispensable avec la moiteur de l'été et met leurs habitants à l'abri des inondations. Ce qui différencie les plantations créoles des plantations anglo-américaines, ce sont également les couleurs vives et la simplicité architecturale de la maison.

Les demeures victoriennes

Le style victorien est visible dans tous les quartiers résidentiels de Louisiane. De taille plus modeste que les plantations, ces résidences se caractérisent par leur caractère cossu, leur porche proéminent et leurs façades de bois aux couleurs claires.

Cinéma

Richesse des décors naturels, demeures somptueuses, cités historiques, villes exotiques et à la réputation sulfureuse, autant d'atouts pour inspirer les cinéastes locaux et attirer les réalisateurs du reste du pays. De nombreuses œuvres, aux acteurs de renom pour certaines, ont eu pour cadre le sud de la Louisiane mais aussi les régions de Natchitoches ou de Sportsman's

Paradise. Depuis l'ouragan Katrina, la commission du film de l'Etat de Louisiane fait tout son possible pour attirer encore plus qu'avant les réalisateurs de film à venir filmer en Louisiane en leur proposant des exemptions de taxes. En 2014-2015, de nombreux films et séries télévisées ont été tournés en Louisiane, principalement à Shreveport et à La Nouvelle-Orléans (*NCIS New Orleans*, *True Detective*, *True Blood*, *Treme*...). L'acteur Matthew McConaughey affectionne particulièrement la Louisiane. Il apparaît notamment dans la première saison de *True Detective* (en Louisiane), cette série friande de flash-backs et de psychologie, plébiscitée du grand public, où deux inspecteurs très différents sont chargés de résoudre une série de meurtres sataniques et pédophiles (la deuxième saison se situe dans le nord de la Californie).

- ***12 Years a Slave* (2014),** de Steve McQueen. Adaptation des mémoires de Salomon Northup, un esclave au milieu du XIXe siècle. Scènes violentes. À coupler avec la visite de Frogmore Plantation (à Ferriday).

- ***Les Bêtes du Sud sauvage* (2012),** de Benh Zeitlin. Dans le bayou, dans ses méandres et ses beautés – et ses colères –, Hushpuppy a 6 ans quand l'eau monte avec la fonte des glaces, libérant des aurochs... Une belle aventure.

- ***Dans la brume électrique* (2009),** de Bertrand Tavernier avec Tommy Lee Jones et John Goodman. Tiré du livre de James Lee Burke. Dave Robicheaux enquête sur des crimes en série.

- ***Django Unchained* (2013),** de Quentin Tarantino. Un bijou cinématographique expiatoire qui se passe dans le Sud profond esclavagiste. La vengeance est un plat qui se mange froid.

- ***All the king's men* (*Les Fous du roi*, 2006).** Une adaptation du roman et prix Pulitzer de Robert Penn Warren. Dans ce film dirigé par Steven Zaillian, Sean Penn incarne Willie Stark, un caractère de fiction très proche de l'histoire de la vie du gouverneur louisianais Huey Long. Avec Patricia Clarkson. Ce film a reçu de très mauvaises critiques, catalogué comme numéro 1 des pires films de 2006...

- ***Angel Heart* (1987),** d'Alan Parker, ou un détective privé (Mickey Rourke) face à une série de morts mystérieuses lors de son enquête sur un certain Johnny Favorite. Vaudou et rencontre avec Lucifer (Robert De Niro) dans un film à déconseiller aux âmes très sensibles !

- ***The Cincinnati Kid* (1965),** de Norman Jewison, avec Steve McQueen en roi du jeu de cartes dans La Nouvelle-Orléans.

- ***Cogan – La Mort en douce* (2012).** Le réalisateur Andrew Dominik tourne en Louisiane un polar sombre comme un western crépusculaire avec Brad Pitt et Ray Liotta.

- ***Déjà vu* (2006),** dirigé par Tony Scott. Le premier film réalisé à La Nouvelle-Orléans après l'ouragan Katrina. Denzel Washington y incarne un agent du gouvernement faisant une enquête sur l'explosion d'un ferry de La Nouvelle-Orléans.

- ***Down by law* (1985),** de Jim Jarmusch, passage par l'univers carcéral louisianais de personnages accusés de crimes qu'ils n'ont pas commis et tentative d'évasion, par un Tom Waits, Roberto Benigni et une Ellen Barkin attachants.

▸ *La Dernière Marche* (1995), avec Sean Penn. Sœur Helen Prejean doit accompagner Matthew Poncelet dans le couloir de la mort, condamné à la peine capitale pour l'assassinat de deux adolescents.

▸ *Easy Rider* (1969), de Dennis Hopper, bikers en virée, entre Los Angeles et La Nouvelle-Orléans, ou une série de rencontres insolites pour Peter Fonda, Denis Hopper et Phil Spector, en route pour ne pas manquer le défilé de Mardi Gras.

▸ *Entretien avec un vampire* (1994), de Neil Jordan, pendant cinématographique de la romancière Ann Rice, ou le secret de la vie éternelle, mettant en scène un planteur veuf et ruiné (Brad Pitt), cédant à l'offre malfaisante du vampire Lestat (Tom Cruise) et le regrettant amèrement.

▸ *L'Étrange Histoire de Benjamin Button* (2008), de David Fincher. Brad Pitt incarne un homme qui naît vieillard et rajeunit avec les ans. Une adaptation du roman de F. Scott Fitzgerald des années 1920 qui se déroule à La Nouvelle-Orléans de la fin de la Première Guerre mondiale à nos jours.

▸ *Jezebel* (*L'Insoumise*, 1938), de William Wyler, grande histoire d'amour dans laquelle irradie Bette Davis, femme du monde de La Nouvelle-Orléans, aux côtés de Henry Fonda.

▸ *Miller's Crossing* (1990), de Joel et Ethan Coen avec Gabriel Byrne, Albert Finney, Marcia Gay Harden et John Turturro. L'architecture ancienne de La Nouvelle-Orléans et le tranway plantent le décor ancien de ce film sur la pègre irlandaise et la guerre des gangs. En 2005, le *Time Magazine* considère ce film comme l'un des 100 meilleurs films depuis la création du journal.

▸ *Nord et Sud* (1985-1986), téléfilm de Richard T. Heffron en deux épisodes. Saga se déroulant dans la plantation Greenwood à St. Francisville. Une histoire d'amitié mise à mal par la guerre de Sécession avec une brochette d'acteurs tels Patrick Swayze, Elizabeth Taylor, Lesley-Ann Down, ou Kirstie Alley et une reconstitution tape-à-l'œil des garde-robes d'époque, tenues saillantes pour les hommes et de Scarlett pour les femmes !

▸ *La Petite* (*Pretty Baby*, 1978), de Louis Malle, mettant à l'écran Brooke Shields, Keith Carradine et Susan Sarandon dans le monde de la prostitution en plein Quartier français.

▸ *Runaway Jury* (2003), inspiré d'un livre de John Grisham racontant l'histoire de Celeste Wood et de son procès contre une compagnie de tabac à cause de la mort prématurée de son mari fumeur. Avec Dustin Hoffman, Gene Hackman and John Cusack.

▸ *The Skeleton Key* (2005), une infirmière arrive dans la paroisse de Terrebonne pour aider une victime d'une attaque cardiaque et rapidement réalise qu'il se passe des choses bizarres dans la maison. Un film de Iain Softley, avec Kate Hudson, Gena Rowlands, Peter Sarsgaard et John Hurt.

▸ *Steel Magnolias* (1989), de Herbert Ross. Portrait de femmes soudées face aux aléas de la vie, jouées par Julia Roberts, Shirley MacLaine ou encore Dolly Parton. On retiendra de ce film ses décors puisqu'il livre un tour complet de tout ce que compte la ville de Natchitoches de demeures et sites historiques, et un aperçu du fantastique Festival des lumières organisé chaque année !

- ***Un tramway nommé Désir* (1951),** d'Elia Kazan, légendaire œuvre tirée de la pièce de Tennessee Williams livrant un Marlon Brando d'une sensualité… mais aussi d'une brutalité extrême dans le rôle de Stanley Kowalski face à sa belle-sœur Janet Leigh (Vivien Leigh) en visite, dans un Quartier français écrasé par la chaleur.

- ***Vivre et laisser mourir* (1973),** un James Bond de Guy Hamilton, avec Roger Moore. Une rampe fut spécialement construite pour la poursuite en bateau dans les marécages. Le saut de 34 m de long est un record mondial à l'époque et sera mentionné dans le *Guinness book of world records*.

Musique

Beaucoup de gens diront que le Sud est inséparable de sa musique. Il est tout simplement impossible de l'éviter. La musique de Louisiane tient son influence des différentes cultures et générations qui ont fait son histoire. Elle est empreinte de ses rêves, de ses espoirs et de ses lamentations. Plus les Louisianais la partagent, plus elle s'enrichit et plus on comprend ses influences. La Nouvelle-Orléans est connue pour le jazz et le rythm'n'blues, et offre une multitude d'autres musiques : le cajun et zydeco, le gospel, le rockabilly, le blues. Il n'existe sûrement aucune autre ville qui montre une telle concentration des talents en tout genre (musiciens, compositeurs, chanteurs). Certaines figures de la scène musicale locales vous diront que presque toutes les musiques viennent de New Orleans. Ouvrez grand vos oreilles, laissez-vous porter par cette multitude de rythmes et vous en serez convaincu !

Blues - Rythm'n'blues

Quel style musical aura laissé une plus grande empreinte sur la musique nord-américaine ? Le blues fut tout d'abord chanté dans les champs de canne à sucre et de coton du delta du Mississippi. Un style de musique jouant puissamment sur les humeurs et émotions puisque aux morceaux très joyeux peuvent succéder des airs vous entraînant dans la plus profonde mélancolie ! De nombreux artistes louisianais ont lancé la légende du blues et ont figuré parmi les premiers à réaliser des enregistrements, de Huddie « Leadbelly » Ledbetter, Danny and Blue Lu Baker aux artistes que l'on retrouve sur le label Jewel and Paula Records. L'apport des musiciens, compositeurs, producteurs et ingénieurs du son de Louisiane a fortement contribué au développement du rythm'n'blues dans tout le pays. Aujourd'hui, cette tradition musicale s'entretient encore avec force dans les clubs de Louisiane et avec de grandes figures telles Irma Thomas, les Neville Brothers ou Huey Smith. Pour des airs de blues traditionnel, les inconditionnels s'aventureront dans les zones rurales du nord-est de l'Etat.

Country

Violons, banjos, mandolines et guitares résonnent à travers la Louisiane et composent un autre héritage musical : l'héritage country et bluegrass, omniprésent à travers l'Etat. Le style a pris racine avec l'arrivée des colons anglo-irlandais au début des années 1800 venus avec, pour tout bagage, leur talent de violonistes, de compositeurs de ballades et une forte tradition musicale.

Le country et le bluegrass diffèrent par les instruments utilisés et les thèmes des chansons, mais les deux styles ont pour même base cet héritage anglo-irlandais.

Gospel

Très ancré en Louisiane, le black gospel naquit des chants des premiers esclaves, teintés pour certains d'entre eux de tradition anglo-protestante. Les *spirituals* furent les premières formes de gospel. Rapprochant leur foi religieuse de leurs propre existence et conditions de vie, les esclaves d'avant-guerre exprimaient à travers ces chants leurs souffrances et espoirs d'une meilleure vie dans l'au-delà. Le gospel colore encore les cérémonies religieuses louisianaises.

Jazz

Le plus connu, il a révolutionné la musique de notre siècle, sa façon de l'interpréter et de le danser. Né à La Nouvelle-Orléans, le jazz est issu des chants et de la musique des esclaves. Le *negro spiritual* est né avec l'esclavage. Après la guerre de Sécession, beaucoup de Noirs qui s'étaient engagés dans l'armée nordiste – c'est ainsi d'ailleurs qu'ils découvrirent cet instrument à vent qu'est le clairon – ne virent pas leur situation s'améliorer. Ils prirent l'habitude de se réunir pour improviser et chanter leur désespoir et leur mal de vivre. Ainsi est né le jazz dont l'improvisation est l'essence même. Le style se distingue par les instruments utilisés : trombone, trompette, clarinette puis saxophone pour les instruments à vent, banjo ou piano pour les instruments à cordes. Un bon jazz-band, c'est aussi une bonne section rythmique composée d'un batteur, d'un contrebassiste ou d'un tuba !

Louis « Satchmo » Armstrong est l'enfant prodigue de La Nouvelle-Orléans. King Oliver, Edward « Kid » Ory, Sidney Bechet ou Jelly Roll Morton (né Ferdinand La Menthe) se sont eux aussi élevés au panthéon des jazzmen et ont influencé ce courant. La ville continue de produire de nombreux artistes qui ne cessent d'ouvrir de nouveaux horizons au jazz : Wynton Marsalis and The Marsalis Family, Wendell Brunious ou David Bartholomew sont autant de figures marquantes.

Musique cajun

Musique des Acadiens francophones du sud-ouest de la Louisiane puisant directement ses racines dans le vieux folklore français, elle vous entraînera dans des rythmes endiablés au son de l'accordéon diatonique et du violon.

C'est une musique excitante, très joyeuse qui fédère toutes les populations et les catégories sociales. Rien de tel qu'une prestation live pour savourer la musique cajun et le zydeco. Aujourd'hui, Steve Riley and The Mamou Playboys, Michael Doucet et BeauSoleil tiennent le haut de l'affiche et animent les clubs et festivals de Louisiane.

Musique classique

C'est à La Nouvelle-Orléans que fut joué le premier opéra aux Etats-Unis en 1796. Cette forme de musique a toujours été vénérée en Louisiane. Est-il surprenant aujourd'hui encore de voir un grand nombre de musiciens et chanteurs sortir diplômés des universités et écoles louisianaises ? Louis Moreau Gottschalk (1829-1869) fut le premier citoyen de La Nouvelle-Orléans à réussir une carrière internationale. Shirley Verret fut acclamée aux Etats-Unis en tant que chanteuse d'opéra et le pianiste Van Cliburn, originaire de Shreveport, fut le premier Américain à remporter un prix Tchaïkovsky en Russie.

Musique indienne

La première musique, louisianaise comme américaine d'ailleurs, est indienne puisque les Indiens (ou plutôt les natifs américains) furent les premiers occupants de cette terre.

Rock'n'roll

Good Rockin' Tonight : premier titre à utiliser le terme « rock ». Le compositeur louisianais Roy Brown fut un des pionniers de ce style musical qui se développa de manière universelle. L'apport des artistes louisianais est là encore indéniable.

Grands noms de la musique louisianaise

Ils sont nombreux : Louis Armstrong (1901-1971), Sidney Bechet (1897-1959), Harry Connick Jr. (1967), Michael Doucet (1951), Peter Fountain Jr. (1930), Al Hirt (1922-1999), Mahalia Jackson (1911-1972), Huddie Ledbetter, dit Leadbelly (1885-1949), Jerry Lee Lewis (1935), Jelly Roll Morton (1885-1941), The Neville Brothers (Aaron, Art, Charles et Cyril), King Oliver (1885-1938), Zachary Richard (1950), Scott Joplin (1868-1917), Marc Savoy (1950), Irma Thomas (1941)...

Peinture et arts graphiques

La Louisiane a un paysage que de nombreux artistes ont reproduit ou influencé. Tout particulièrement la ville de La Nouvelle-Orléans qui fut selon le Dr Isaac Cline, un collectionneur et marchand d'art dans les années 1820-30, la Mecque pour les artistes américains. La liste des peintres plus ou moins connus qui sont venus en Louisiane pour trouver une inspiration est longue. Encore aujourd'hui les artistes louisianais sont privilégiés.

- **Jean-Jacques Audubon (1785-1846).** Le plus célèbre de tous. L'œuvre qu'il nous laisse est immense. *Les Oiseaux d'Amérique*, un chef-d'œuvre de 435 planches, *Quadrupèdes d'Amérique du Nord*, de 500 planches et *Biographie ornithologique*, autre chef-d'œuvre comprenant 1 055 dessins avec les notices descriptives.

- **Alvin Batiste (1962).** Autodidacte Alvin Batiste est devenu au travers de milliers d'œuvres un symbole louisianais de l'art rural dit « primitif ». Son œuvre est emplie de scènes joyeuses, mais aussi spirituelles et parfois dramatiques de la vie du delta du Mississippi d'antan.

Peinture d'Alvin Batiste, traduisant l'histoire de la communauté noire de Louisiane..

DÉCOUVERTE

State Capitol Building, Baton Rouge.

Edgar Degas, un impressionniste à La Nouvelle-Orléans

Né à Paris en 1834, Degas est le fils d'un banquier parisien et d'une mère créole, originaire de La Nouvelle-Orléans. S'il passe la plupart de sa vie à Paris, il séjourne un an à La Nouvelle-Orléans, de 1872 à 1873, lorsque la guerre avec la Prusse éclate. Il est le seul impressionniste à avoir visité la ville emblématique de Louisiane. Si sa mère Célestine meurt quand il n'a que 13 ans, Degas conserve des attaches à La Nouvelle-Orléans car ses deux frères y vivent. Durant son séjour, il peint un portrait de sa belle-sœur, Estelle, pour laquelle il éprouve une certaine fascination. Il mettra en lumière également le marché de coton, sur Carondelet Street. Pendant cette année, il vécut au 2306 Esplanade Avenue, et on peut encore aujourd'hui voir sa maison. Une de ses œuvres, *Portrait of Mme Rene De Gas*, appartient à la collection permanente du musée de La Nouvelle-Orléans.

- **Clyde Connell (1901-1998).** Sculptrice née dans la région de Shreveport, représentative de mouvements comme l'expressionnisme abstrait et le minimalisme.
- **George David Coulon (1822-1904).** Natif de France, il s'installe avec sa famille à La Nouvelle-Orléans. Coulon est connu pour ses paysages, ses natures mortes et ses portraits allégoriques.
- **Clementine Hunter (1886-1988).** Première femme noire mise à l'honneur au travers d'une exposition au musée d'Art moderne de La Nouvelle-Orléans, Clémentine Hunter est considérée comme une artiste majeure dans l'histoire de l'art de la Louisiane.
- **James Michalopoulos (1953).** Cet artiste-peintre a vraiment percé au début des années 1990. Il est connu pour son style architectural quand il peint les maisons de La Nouvelle-Orléans de couleurs vives souvent à la lumière de la lune.
- **Garland Robinette (1943).** Né a Boutte, cet artiste autodidacte a étudié à l'Académie des Arts de New Orleans et sa première commande fut le portrait du pape Jean-Paul II pour commémorer sa visite de 1987. Ses portraits sont très connus.
- **George Rodrigue (1944).** Cet Acadien, né à New Iberia, a magnifiquement dépeint au travers de ses 300 toiles toute la culture folklorique du pays cajun.

Janvier

ALLSTATE SUGAR BOWL

LA NOUVELLE-ORLÉANS

www.allstatesugarbowl.org

La compétition des équipes de football américain des collèges se réunit tous les ans au Superdome début janvier. Des vagues d'étudiants arrivent en ville et animent les rues du Quartier français et tout particulièrement de Bourbon Street.

ST TAMMANY MARDI GRAS PARADES

www.mardigrasparadeschedule.com

En janvier et février, c'est la saison du carnaval et St Tammany ne déroge pas à la règle (infos également sur www.louisiananorthshore.com). Défilés costumés, foules endiablées et même parades de bateaux sur l'eau menées par le Krewe of Bilge (www.kreweofbilge.com) à Slidell et le Krewe of Tchefuncte à Madisonville.

TWELFTH NIGHT

LA NOUVELLE-ORLÉANS

Douze jours après Noël, le 6 janvier, la fête de l'Epiphanie marque le début officiel de la saison de carnaval. Le soir, un *streetcar* coloré et bondé de gens en costume remonte St Charles, pour terminer au parc Audubon.

Février

MARDI GRAS

www.mardigrasneworleans.com

themobilemask.com

La plus grande fête gratuite au monde ! La saison de Mardi Gras commence le

Musicien de jazz de La Nouvelle-Orléans.

© HOLGER METTE – ISTOCKPHOTO

Bourbon Street Crowd, la Nouvelle-Orléans.

6 janvier, à l'Epiphanie, et se termine le mardi avant le mercredi des Cendres. Le calendrier est le même partout dans le monde.

NEW ROADS MARDI GRAS

NEW ROADS

La parade de Mardi Gras à New Roads est la plus ancienne de Louisiane. Selon une tradition de 1922, Mardi Gras est fêté très largement dans cette ville et rassemble plus de 50 000 personnes. C'est une date essentielle, avec Noël, qui est fêté sur la rivière : tous les bateaux sont illuminés et viennent accoster près des deux restaurants donnant sur l'eau.

Mars

SAINT-PATRICK

LA NOUVELLE-ORLÉANS

www.stpatricksdayneworleans.com

Dans un autre genre que Mardi Gras, mais toujours sur le même principe du défilé, la parade irlandaise de la Saint-Patrick est aussi une attraction locale. Pendant cette journée, tout est de couleur verte et a pour emblème un trèfle. Parmi les traditionnels colliers, gobelets et doublons jetés des chars, on peut attraper des carottes, des pommes de terre et des choux. Attrapez ces ingrédients et faites un bon bouillon irlandais !

La fête court en réalité sur plusieurs journées et soirées. Le vendredi soir, dans le Quartier français, est souvent le moment des parades irlandaises (au bar Molly's at the Market, 1107 Decatur Street). Le samedi, dans le quartier d'Uptown, vers midi, la parade New Orleans Irish Channel avec des chars de la dimension de ceux de Mardi Gras défile sur la rue Magazine. Vers 18h dans le Quartier français et à Bywater, une autre parade de Saint-Patrick commence vers 18h30 au coin des rues Burgundy et Piety et s'arrête bien sûr à chaque bar. Cette parade est difficile à suivre. Le dimanche, à Metairie, vers midi, 82 chars défilent, à la fois irlandais et italiens.

CUISINE LOCALE

Produits et spécialités

- **Alligator sauce piquante** (*spicy gator*). Morceaux d'alligator dans une sauce à base de tomate et de Tabasco.
- **Andouille.** Saucisse de porc très épicée.
- **Beignets.** C'est une autre des spécialités de Louisiane, préparée avec un mélange de farine de blé et de levure, parfumée d'un zeste de citron, de cognac ou de rhum.
- **Boudin blanc épicé.** Boyau de porc farci de riz, d'oignon et de morceaux de porc. Très réputé en Acadie où l'on trouve souvent les meilleurs plats dans les petits *deli* du coin de la rue.
- ***Bread pudding.*** Tout ce que l'on peut trouver de rassis, mélangé à de la crème ou du lait, du rhum, des raisins et servis souvent avec une sauce au whisky.
- **Cuisses de ouaouarons.** Cuisses de grenouilles.
- **Etouffée d'écrevisses** (*crawfisk étouffée*). Ecrevisses décortiquées, préparées dans une sauce épaisse et relevée.
- ***Filé.*** Il s'agit de sassafra moulu, très utilisé dans le *gumbo* mais également dans d'autres spécialités créoles pour épicer et épaissir la sauce.
- ***Gumbo.*** Soupe à base d'okra, de crevettes, de crabe, de saucisses de porc, de riz et agrémentée d'épices diverses.
- **Huîtres** (*oysters*). La Nouvelle-Orléans, environnée d'eau douce ou salée, le lac Pontchartrain et le golfe du Mexique sont célèbres pour les fruits de mer, notamment les huîtres.
- ***Jambalaya.*** Le plat le plus typique de la cuisine créole, sorte de paella à base de riz, piment doux, crabe, crevette, oignon vert et jambon ou poulet.
- **Mirliton.** Légume assez rare, mais très habituel en Louisiane, connu aussi sous le nom de christophine ou de chayote. Sorte de courgette vert pâle en forme de poire à la saveur délicate.
- ***Muffuletta.*** Gros sandwich rond d'origine italienne au jambon, aux olives et autres condiments, arrosé d'huile d'olive.
- **Pain perdu.** Arrosé de rhum ou de whisky et truffé de raisins.
- ***Po-boy.*** L'origine de ce délicieux sandwich louisianais remonte au début du siècle. Aujourd'hui, vous trouverez ce sandwich de pain blanc dans tous les restaurants louisianais, au rosbif, à la dinde, aux saucisses fumées, aux huîtres (mais oui !), au poisson-chat, aux crevettes (un délice), au fromage, accompagné d'oignons, de tomates et de sauce.
- **Pralines.** Spécialité de La Nouvelle-Orléans. Cette petite galette sucrée est faite avec de la noix de pécan et du sucre de canne. Plusieurs boutiques *pralines shop* sont dans le Quartier français.
- ***Red beans and rice.*** Fèves rouges cuites dans une sauce avec de petits bouts de saucisses et mélangées à du riz.

- **Riz** (*rice*). C'est la base de la cuisine créole, sa cuisson varie selon les préparations auxquelles on souhaite l'ajouter.

- **Tabasco.** Saviez-vous que la fameuse petite bouteille de sauce piquante Tabasco était fabriquée en Louisiane depuis plus d'un siècle ?

Boissons

La plus répandue est la bière (Dixie, Jolie Blonde, Abita), mais il y a plus typique. Parmi les cocktails appréciés, le *mint julep* (bourbon et sirop de menthe), le sazerac (bourbon, Pernod, Tabasco), l'absinthe frappée (Pernod et sucre), le café brûlot (café, cognac, curaçao, clous de girofle, zeste d'orange et de citron, cannelle et sucre), l'*hurricane* (vodka, gin, rhum, grenadine, amaretto, cocktail de fruits !), les *frozen daiquiris*. Vous en trouverez de toutes sortes... Le daiquiri aux fraises broyées est tout simplement divin. Attention à son double effet, car l'abus est facile, mais souvent recherché pendant Mardi Gras !

© STÉPHANE SAVIGNARD

Gumbo.

Habitudes alimentaires

Du boui-boui perdu dans les bayous ou en pleine campagne aux établissements des grandes villes, on peut trouver presque tous les styles de cuisine en Louisiane. Tout y est riche, en sauce, avec de l'ail ou frit, parfois à l'excès. Ne soyez pas surpris par l'influence omniprésente de la cuisine française.

Dans une très grande partie de la Louisiane, vous retrouverez les ingrédients faisant son originalité : les *oysters* (huîtres), les *shrimps* (crevettes), les crabes et le *catfish* (genre de poisson-chat) sont aussi convoités que les satsumas (petites clémentines), les tomates créoles, les oignons verts, les noix de pécan et les fraises.

Privilégiez les restaurants cajuns où se produisent des orchestres, vous plongerez en plein pays cajun. L'ambiance y est chaude et la cuisine y est meilleure.

Epoustouflé par la richesse de la cuisine louisianaise, vous êtes perdu parmi tous ces plats et préférez vous réfugier dans le traditionnel *fast-food* ? Aucun souci, comme partout ailleurs aux Etats-Unis vous trouverez votre bonheur.

- **Petit déjeuner.** Copieux comme tout petit déjeuner américain.

- **Déjeuner.** Un choix très varié de styles et, un peu partout, les classiques louisianais sont là : du *gumbo* au *jambalaya*, en passant par les plats de poissons et d'écrevisses.

- **Dîner.** On dîne tôt en Louisiane : 19h est une heure habituelle. Les repas se prolongent sur des virées nocturnes, particulièrement à La Nouvelle-Orléans.

Basketball

Les matchs de l'équipe des Pelicans de La Nouvelle-Orléans (ex-Hornets) se déroulent à la New Orleans Arena dans une ambiance garantie. L'équipe, qui évolue en NBA (le championnat national), compte notamment dans ses rangs le pivot français Alexis Ajinça.

Football américain

Assister à un match des Saints (l'équipe de football américain de La Nouvelle-Orléans) au Superdome, le plus grand stade couvert du monde (90 000 places), est impressionnant ! L'équipe a été élevée au rang de symbole de la ville, depuis qu'elle a remporté le Superbowl en 2009, menée d'une main experte par son quarterback Drew Brees, montrant à l'Amérique entière que Katrina n'avait pas eu raison de la vitalité de La Nouvelle-Orléans. Si vous vous trouvez dans la région lors d'un match des Saints, ne ratez pas le *tailgating* (*tail* signifie « queue » et, dans le contexte, c'est l'arrière des trucks que l'on ouvre pour pouvoir s'y asseoir) autour du stade du campus de LSU (Louisiana State University) lors d'un match. Que vous ayez des tickets pour voir le match ou que vous restiez à l'extérieur du stade, le *tailgating* est une vraie rencontre de fans en famille. Toutes les pelouses autour du stade sont recouvertes de tentes que les fans viennent planter pour délimiter l'endroit où ils vont passer la soirée. Certains amènent leurs sofas avec leur TV, d'autres le barbecue et parfois même le frigo. C'est un moment privilégié pour les amateurs de football.

Swamp tour dans la région de Houma.

Bayous et marécages

Des milliers d'hectares de forêts, de cyprès et de marécages et seulement quelques chemins de randonnées donnent une bonne idée de l'environnement du Delta du Mississippi et de la vallée de Cane River. En préservant la faune sauvage en même temps que la flore, ce sont aussi les premiers camps des colons et les villages des populations natives américaines qui sont préservés. Les chemins de randonnée et les petits canaux sont les lieux privilégiés pour faire une superbe balade à pied, à cheval ou en canoë. Prenez une visite guidée par un des rangers ou partez à l'aventure sur les chemins trop bien délimités pour se perdre. Une véritable découverte se fera en canoë en suivant un guide ou seul. Jean Lafitte National Historical Park sur la West Bank de La Nouvelle-Orléans est une très agréable balade, mais n'oubliez pas votre bombe antimoustiques.

A ne pas rater non plus, les visites des marécages ou des bayous en canoë pour les plus aventureux ou en bateau avec un guide. Il y en a de nombreux et il est difficile de trouver lequel est le meilleur. Si vous voulez vraiment être en contact avec la nature, prenez une visite sur un plus petit bateau plutôt qu'un airboat très bruyant et qui détruit la nature.

Canoë

Pour passer une journée ou une après-midi très relaxante, la descente d'une rivière en canoë est à ne pas manquer. Rendez-vous sur le Northshore ou aux Kisatchie Hills. Prenez une glacière avec vos boissons et votre pique-nique et laissez vous glisser sur l'eau. Arrêtez-

Guide de Swamp tour.

vous sur une des berges ou des petites « plages » et dégustez votre pique-nique ou un petit verre pour un moment de repos et reprenez votre bouée ou votre canoë pour rejoindre la civilisation. A ne pas rater si vous voulez vraiment sortir un peu de la ville.

Chasse et pêche

La pêche est une des activités que les locaux pratiquent très facilement en Louisiane. Les étendues d'eau omniprésentes dans l'État permettent de pratiquer toute sorte de pêches. La chasse est aussi un sport très pratiqué. Le Département national de la chasse est très actif pour que les chasseurs amateurs ou non fassent attention à l'éthique et au comportement du chasseur.

ENFANTS DU PAYS

Alvin Batiste

Né en 1962 à Donaldsonville. Peintre autodidacte, Alvin Batiste est devenu un artiste de renommée internationale grâce à ses toiles de style « primitif ». Son œuvre s'inspire d'histoires contées par sa mère et grand-mère sur la vie dans les plantations, ou dans les champs de canne à sucre et de coton. Il peint à merveille la communauté noire au travers de portraits, de scènes de fêtes, religieuses ou dramatiques.

Drew Brees

Né en 1979, à Austin au Texas, Andrew Christopher Brees est devenu un dieu vivant pour les Louisianais depuis qu'il est devenu *quarterback* des Saints, en 2006. L'équipe de football américain de La Nouvelle-Orléans menée par Drew Brees a remporté le Superbowl en 2010, ce qui donna lieu a des scènes de liesse dans toute la ville. Brees est nommé MVP (Most Valuable Player) du Superbowl en 2010, à savoir, la consécration ultime. Il détient également le record du nombre de passes complétées dans un Superbowl (32). Il a également battu le record qui remontait à 1960 du plus grand nombre de matchs consécutifs avec au moins un *touchdown* (54).

Joann Clevenger

Restauratrice née en 1940 dans le centre de la Louisiane, boulimique de culture, passionnée de littérature, d'arts, de musique et de relations humaines. Tous ces ingrédients, mêlés à un goût pour la cuisine raffinée l'ont conduit à monter le restaurant Upperline à La Nouvelle-Orléans (Uptown), rendez-vous des amateurs du bon goût culinaire et de nouveaux talents artistiques louisianais.

Ellen Degeneres

Née en 1958 à Métairie. Cette animatrice de télévision est connue pour son émission, le talk-show : *Ellen*, *The Ellen DeGeneres Show*, qui a été multi-récompensé, notamment par plusieurs Emmy Award. En couple avec une autre star, Portia Di Rossi (la sublime et froide Nelle dans *Ally McBeal*), elle est célèbre pour ses sorties humoristiques, ses basket bleues et sa grande influence médiatique. En 2014, elle préside sa deuxième cérémonie des Oscars.

Jared Leto

Né en 1971 à Bossier City, le beau gosse louisianais a roulé sa bosse dans toute l'Amérique avant de poser ses valises à Los Angeles, au début des années 1990, pour lancer sa carrière d'acteur. On l'a vu notamment dans La *Ligne rouge* de Terrence Malick, *Requiem for a dream* de Darren Aronofsky, *Fight Club* de David Fincher, *Alexandre* d'Oliver Stone. Parallèlement à sa brillante carrière de comédien, il joue depuis une décennie dans un groupe de musique, 30 Seconds to Mars. En 2014, il reçoit l'Oscar du meilleur acteur dans un second rôle pour sa performance dans *Dallas Buyers* Club aux côtés de Matthew McConaughey.

VISITE

Le Bassin de l'Atchafalaya est un immense réseau de bayous et de terres émergées.

LA NOUVELLE-ORLÉANS ★★★★

Tout au sud des Etats-Unis, la ville de La Nouvelle-Orléans se situe à l'extrémité sud-est de l'Etat de Louisiane, sur la rive nord du Mississippi, à 145 km du golfe du Mexique. Lorsqu'on survole La Nouvelle-Orléans, on est surpris par sa forme. Coincée entre un immense « S » du Mississippi au sud, et le lac Pontchartrain au nord, La Nouvelle-Orléans est surnommée la ville Croissant (Crescent City). A l'est, le golfe du Mexique prend ici le nom de lac Borgne. La plupart des visiteurs, mais aussi les locaux, disent ne pas se sentir aux États-Unis ; il y a un peu de tous les pays ici. La Nouvelle-Orléans cultive une chaleureuse nonchalance et un abord sympathique des gens du Sud. Elle a aussi gardé son penchant pour les plaisirs en tout genre qui existent depuis la création de la ville en 1718 par les Français. Le gouvernement, qui n'arrivait pas à avoir suffisamment de volontaires pour aller s'installer en Louisiane, y a envoyé sa racaille, ses petits voleurs, ses prostituées et ses autres indésirables. Cette ville fut le lit du jeu et de la prostitution. Louis Malle donne un aperçu de La Nouvelle-Orléans de cette époque dans son film *Pretty Baby* (*La Petite*).

La ville a été détruite par deux incendies en 1788 et avant même sa reconstruction en 1794. Peu de bâtiments de l'époque française sont restés intacts, à l'exception du couvent des Ursulines (à l'angle des rues Ursulines et Chartres) et du musée Madame John's Legacy. Pour s'assurer que la ville ne soit pas dévastée une troisième fois, les Espagnols ont instauré des règles pour la reconstruction qu'il est encore possible de voir aujourd'hui : les toits doivent être en tuile, les maisons construites en brique ou en plâtre plutôt qu'en bois, un mur doit séparer les jardins intérieurs pour éviter la propagation des flammes et les allées sont supprimées.

Ce qui est donc considéré comme architecture classique du Quartier français est en fait constitué d'arches, de cours intérieures, de balustrades et de portails en fer forgé. Toutes les caractéristiques sont espagnoles. Aujourd'hui l'architecture du Quartier français est préservée par le Vieux Carré Commission qui contrôle le respect des règles de rénovation et de construction.

Quartier Français et Tremé ★★★★

Quartier français. C'est ici que La Nouvelle-Orléans est née. Ce quartier est délimité par le Mississippi, Canal Street, Rampart Street et Esplanade Avenue.

Tremé. Situé au nord du Quartier français, entre Rampart et Claiborne, Tremé est le quartier historique de la communauté noire américaine. Son attrait touristique est limité.

La Nouvelle-Orléans
LAC PONTCHARTRAIN
Musée
Curiosité et divers
Information
Centre commercial
Aéroport
Pontchartrain Center
Treasure Chest casino
JEFFERSON PARISH
The Esplanade Mall
L. Armstrong New Orleans Airport
RIVERTOWN
Lakeside Shopping Center
Clearview Shopping Center
OLD METAIRIE
LAKEVIEW
Museum of Art, Storyland et Botanical Gardens
Tad Gormley Stadium
Pitot House
St Louis Cemetery n°3
MID-CITY
Maison Degas
ESPLANADE RIDGE
QUARTIER FRANÇAIS
CBD
Louisiana Superdôme
Convention Center
Visitor Center
ALGIERS POINT
East Campus
Southern Univ. New Orleans
NEW ORLEANS EAST
UPTOWN
GARDEN DISTRICT
Audubon Zoo et Audubon Park
Golf Club
WESTWEGO
GRETNA
HARVEY
WESTBANK
CHALMETTE
Jean Lafitte Nat. Hist. Park Chalmette Unit
Our Lady Of Holy Cross College
John Alario Sr. Event Center
Bayou Segnette State Park
TPC Louisiana
Gretna City Park
Timberlane Cemetery
English Tyrn Country Club
English Turn Wilderness Park
BELLE CHASSE
Lafremeire Park
Metairie Cemetery
New-Ol. Cemetery
City Park
MISSISSIPPI
Intercoastal Waterway
Lake Pontchartrain Causeway
Vintage Drive
West Esplanade Avenue
Veterans Mémorial Blvd.
W. Napoleon Av.
W. Metairie Av.
Williams Bl.
David Dr.
Clearview Pkw
Causeway Bl.
Airline Drive
Earhart Expwy
Jefferson Hwy
Hickory Avenue
Huey P. Long Br.
Kenner Road
River Road
Live Oak
Boulevard
Oak Av.
Lake Av.
Pontchartrain Bl
Canal Bl.
Lahe Av.
Elysians Fileds
Leon C. Simon Drive
Lakeshore Drive
Gentilly Blvd
Esplanade
Broad
Canal
Twiane Av.
Pontchartrain Expy
St-Charles
Magazine
Tchoupitoulas
Almonaster Av.
Alvar St.
Florida Av.
North Claiborne Avenue
Patricia Street
Paris Road
Chef Monteur Hwy
Hayne Blvd
Eastern Expwy
Bundy
Wright Blvd
Bullard Road
Michoud Bl.
Dwyer Road
Patterson Rd.
General Meyer Av.
General De Gaulle Drive
Franklin
Stumpf Bvd
Tullis Drive
Woodland Hwy
Behrman Hwy
Belle Chasse Hwy
Manhattan Blvd
Wall Bl.
Peters Rocd
Destrehan
River rd.
4th St.
7th St.
Westbank Expressway
Barataria Bl.
Patriot St.
Ames
Cousins
Westwood
West Dr.
Laplaco
10
510
90
61
0
3 Km

AUDUBON AQUARIUM OF THE AMERICAS
1 Canal Street
✆ +1 504 581 4624 /
+1 504 565 3033
www.auduboninstitute.org/aquarium
air@auduboninstitute.org
10 000 poissons répartis en 588 espèces, ainsi qu'oiseaux, tortues de mer, requins et reptiles vous attendent. De plus, cet aquarium est très bien conçu pour les petits et les grands. Très ludique, il y a même un endroit où vous pouvez toucher de petits requins ! Après avoir passé le magnifique tunnel aquatique, il y a une large collection de méduses et de la vie marine des récifs des Caraïbes. Une reconstitution de la forêt amazonienne abrite des perroquets magnifiques. Il ne faut pas rater non plus les pingouins et la collection de grenouilles. L'aquarium abrite aussi une salle de cinéma, le Imax.

AUDUBON BUTTERFLY GARDEN AND INSECTARIUM
423 Canal Street
✆ +1 504 410 2847
www.auduboninstitute.org/insectarium
air@auduboninstitute.org
L'insectarium Audubon présente le groupe d'animaux le plus large au monde, les insectes ! Situé à l'endroit des anciens bureaux de douanes, Audubon Nature Institute propose une exposition très intéressante et surprenante d'une quantité incroyable d'insectes plus ou moins familiers.

BEAUREGARD-KEYES HOUSE
1113 Chartres Street
Au coin d'Ursulines Street
✆ +1 504 523 7257
www.bkhouse.org
Cette maison de 1826 reflète le style créole et américain à la fois. Elle est décorée et meublée dans le style de 1850. Certains des meubles et objets viennent de la famille du général confédéré Beauregard qui a très peu vécu dans cette maison après la guerre civile.
Dans les années 1940, la romancière Frances Parkinson Keyes (1885-1970) a repris en main la maison et l'a restaurée comme elle était à son origine. Le patio derrière la maison est très joli, ainsi que le jardin créole sur le côté que beaucoup de guides disent être hanté. Les livres de Keyes sont uniquement disponibles dans la boutique souvenirs et ne sont plus imprimés.

CABILDO
701 Chartres Street
✆ +1 504 568 6968
Au coin de St Peter Street.
Pendant des années, ce bâtiment fut le siège du gouvernement colonial de La Nouvelle-Orléans. Les législateurs espagnols et français et les gouverneurs ont instauré les lois derrière ces épais murs en pierre. Cabildo signifie en espagnol « conseil ». Autrefois, cette appellation désignait le lieu mais aussi les gens qui y travaillaient. Un des moments historiques qui se déroula dans cet endroit fut la signature de la Louisiana Purchase (la cession de la Louisiane par la France aux États-Unis) en 1803.

CASA DE COMERCIO
534/536 Royal Street
Ce bâtiment qui fut construit après le grand incendie de 1794 est très représentatif de l'architecture espagnole à la mode à partir de cette période.

Statue équestre de Jeanne d'Arc à La Nouvelle-Orléans.

CASA FAURIE
417 Royal Street
Edgar Degas, le grand-père du fameux peintre impressionniste, fit construire cette demeure en 1801. Cinq ans après, la Banque de Louisiane la lui achète et fait ajouter les initiales B et L sur le balcon. En 1819, la banque ferme et vend le building à Martin Gordon et devient un lieu de somptueuses réceptions et fêtes. M. Gordon fit banqueroute et le building fut vendu aux enchères au juge Alonzo Murphy. C'est maintenant un des restaurants le plus connu de La Nouvelle-Orléans, Brennan's.

CORNSTALK FENCE
915 Royal Street
www.cornstalkhotel.com
Vous ferez une petite halte à cette maison de style victorien construite en 1850 principalement pour sa grille en fer forgé qui représente des tiges et des épis de maïs mêlés à des belles-de-jour.

Balcons et façades de maisons de La Nouvelle-Orléans.

C'était à l'origine la maison de François-Xavier Martin, premier chef de la justice à la Cour Suprême de Louisiane et auteur de la première histoire de la Louisiane. Il y vécut de 1816 à 1826. L'actuel style victorien date des années 1850 et est souvent remarqué par sa grille en fer forgé représentant des plants de maïs avec leurs tiges, leurs feuilles et les fruits mélangés à des vignes et des fleurs. Il n'y en a que deux comme ça en ville, et la grille a été moulée à Philadelphie par la fonderie Wood & Perot, envoyée par bateau et installée en 1834.

COURT OF TWO LIONS
537 Royal Street
et 710 Toulouse Street
Cette cour aux deux lions possède la surprenante caractéristique d'avoir les piliers de son portail en bois surmontés par deux lions de pierre.

FAULKNER HOUSE
624 Pirate's Alley
William Faulkner, Prix Nobel de littérature 1949, vécut entre le Cabildo et la cathédrale entre 1924 et 1926. C'est là qu'il commença à écrire des articles pour la presse avant de débuter dans le roman en publiant *Monnaie de singe* et *Moustiques*. Cet immeuble de quatre étages a été construit en 1840 par Jean Baptiste LaBranche sur l'endroit où se trouvait jadis une prison française. C'est aujourd'hui une librairie.

FLECHIER HOUSE
718 St Peter Street
Cette très vieille maison aurait appartenu au planteur très connu, Etienne Marie de Flechier, juste après l'incendie de 1794. Maintenant le bar Pat O'Briens occupe les deux buildings séparés d'un agréable patio pour y boire un *Hurricane*.

FRENCH MARKET

1008 North Peters Street
à l'angle de Governor Nicholls Street
✆ +1 504 522 2621 /
+1 504 596 3420
www.frenchmarket.org
info@frenchmarket.org

Le marché français est une zone commerçante très active depuis la fondation de la ville. La partie proche de la rivière était consacrée aux productions des fermiers voisins qui venaient vendre leurs fruits et légumes frais alors que de nombreux artisans s'installaient de l'autre côté. Aujourd'hui, une grande partie a été aménagée pour recevoir des magasins classiques, des cafés ou des restaurants. Une partie du marché est destinée aux touristes à la recherche de souvenirs plus ou moins authentiques, sans oublier les marchés fermiers bi-hebdomadaires.

GALLIER HOUSE

1132 Royal Street
✆ +1 504 525 5661
www.hgghh.org

Propriété de l'architecte James Gallier, qui dessina les plans de l'Opéra et de nombreuses demeures du Garden District, cette maison resta dans la même famille jusqu'en 1917, puis elle fut restaurée et transformée en musée. On peut y voir la parfaite reconstitution d'un intérieur néo-orléanais des années 1860. La visite peut se combiner avec l'Hermann-Grima House voisine.

HERMANN-GRIMA HOUSE

820 St Louis Street
✆ +1 504 525 5661
www.hgghh.org

Cette visite n'est pas la plus intéressante, mais elle reste très instructive. Elle permet de voir comment Samuel Hermann, un homme d'affaires juif fortuné, pouvait vivre dans cette ville. La maison construite en 1831 semble être toujours fermée, mais une fois à l'intérieur vous serez surpris par la lumière et l'agréable cour intérieure.

C'est le parfait exemple de l'influence américaine sur l'architecture locale. Les jeudis, d'octobre à mai, il y a parfois des démonstrations de cuisine à la mode des années 1830 ! Demandez avant de prendre la visite si le groupe est important, sinon vous ne monterez pas à l'étage.

La visite peut être combinée avec la Gallier House voisine.

HISTORIC NEW ORLEANS COLLECTION – MÉRIEULT HOUSE

533 Royal Street
Entre les rues Toulouse et St. Louis
✆ +1 504 523 4662
www.hnoc.org
wrc@hnoc.org

Ce musée, sis dans la Mérieult House, regroupe toutes les archives originales de la création de La Nouvelle-Orléans. Plus de 300 000 manuscrits, gravures, peintures, lettres et autres matériels. Parmi ces documents se trouvent le précieux contrat de vente de la Louisiane (Louisiana Purchase) de 1803 signé par Napoléon, de vieilles cartes de la ville et le portrait de Bienville, le fondateur de la ville, le rapport du 9 avril 1682 de René Robert Cavelier, sieur de La Salle, qui déclare que la Louisiane est un territoire français.

Un centre est à la disposition de ceux qui veulent faire des recherches généalogiques ou historiques. Beaucoup de documents sont en français.

Rescapée du grand incendie de 1794, Mérieult House, la plus ancienne de Royal Street, date de 1792. Construite par le négociant Jean-François Mérieult, elle servait à la fois d'habitation (premier étage) et de bureau (rez-de-chaussée). La magnifique chevelure rousse de Mme Mérieult était célèbre de La Nouvelle-Orléans en France, où elle voyageait souvent avec son mari. À cette époque, Napoléon ayant entendu dire que le sultan de Constantinople, avec qui il s'apprêtait à signer un traité, cherchait une perruque couleur de lumière pour l'une de ses femmes, offrit à Mme Mérieult une coquette somme en échange de sa chevelure. Refus obstiné de se faire « scalper » malgré les surenchères. « Tout ne peut donc pas s'acheter », s'étonna Napoléon.

JACKSON SQUARE

Si vous cherchez le cœur du cœur de la ville, l'ex-place d'Armes, Jackson Square, couronnée par la façade de la cathédrale Saint-Louis, est sûrement l'endroit. A différents moments de l'histoire de La Nouvelle-Orléans, Jackson Square fut un lieu de rencontre des politiques et des religieux. Dessinée par Adrien de Pauger en 1722, la place d'Armes a été un camp militaire, un lieu de rencontre pour les habitants et aussi un lieu d'exécution. Les bâtiments de chaque côté sont appelés les appartements Pontalba (les deux imposants bâtiments en brique rouge de chaque côté du square) du nom de la Baronne qui les a fait construire après avoir hérité de son mari. Au centre, la statue représente le général Andrew Jackson sur son cheval lors de la défaite des Anglais à la bataille de New Orleans en 1815. Aujourd'hui Jackson Square a gardé ses fonctions culturelles et spirituelles de La Nouvelle-Orléans. C'est toujours un lieu de rencontres.

KOLLY TOWNHOUSE

301 Chartres Street

Jean Daniel Kolly, un conseiller financier allemand et investisseur dans la Compagnie des Indes, fit constuire cette maison de ville peu de temps après la création de La Nouvelle-Orléans en 1718. Il loua cette simple demeure aux sœurs ursulines. Elles en feront leur premier couvent et y restèrent jusqu'en juillet 1734. Le bâtiment fut ensuite utilisé comme hôpital de la Charité.

LALAURIE HOUSE

1140 Royal Street

Lorsqu'en 1832 Delphine Lalaurie convola pour la troisième fois en justes noces, elle s'installa avec son mari dans cette demeure toute neuve. Issu de la haute bourgeoisie créole, le couple était apprécié pour ses soirées mondaines. Un jour, une esclave se tua en tombant d'un balcon, ce qui alimenta la rumeur selon laquelle Mme Lalaurie maltraîtait ses esclaves. Or le code en vigueur protégeait les esclaves et menaçait de prison les maîtres qui les malmenaient. Les autorités eurent beau perquisitionner chez les Lalaurie, on ne trouva rien d'anormal. En 1834, un feu éclata dans la maison et les voisins, en aidant les Lalaurie à sauver leurs meubles, découvrirent dans une petite pièce sans lumière sept esclaves enchaînés et portant des traces de sévices. Une foule révoltée se rassembla devant la maison, mais le couple réussit à s'enfuir, peut-être vers l'Europe. Depuis, on dit que la maison est hantée par les cris des esclaves qui y furent torturés.

CROISIÈRES SUR LE MISSISSIPPI

La croisière d'une heure ou deux sur le Mississippi pourra en laisser certains sur leur faim : la vue depuis le pont n'est assurément pas ce qu'elle a pu être à l'âge d'or des bateaux à vapeur. Aujourd'hui, c'est plutôt barges de frêt, grues et usines. Mais embarquer sur le *Natchez* ou le *Creole Queen Paddlewheeler*, c'est avant tout s'immerger dans une ambiance typique du Vieux Sud et surtout l'occasion de comprendre la puissance du Mississippi et donc l'histoire de La Nouvelle-Orléans. Privilégier un dîner-croisière, par exemple, le tout en musique au clair de lune, bien plus romantique que dans la journée ! Les budgets encore moins serrés peuvent faire une croisière de plusieurs jours de La Nouvelle-Orléans jusqu'à *Natchez*, avec des arrêts pour visiter des plantations.

■ **CREOLE QUEEN PADDLEWHEELER**
1 Poydras Street
Riverwalk, Spanish Plaza
✆ +1 504 587 1719 - +1 504 529 4567
www.creolequeen.com

Dîner jazz ou simple croisière à bord d'un bateau à aubes qui, contrairement au *Natchez*, ne fonctionne pas à la vapeur. Le buffet est installé dans plusieurs salles. Il est ensuite possible de siroter un cocktail sur le pont au son d'un groupe de jazz. Embarquement devant l'Aquarium, au bout de Canal Street.

■ **STEAMBOAT NATCHEZ**
400 Toulouse Street
✆ +1 504 569 1401 - +1 504 586 8777
www.steamboatnatchez.com

Le *Natchez* est le digne descendant d'une riche lignée de bateaux à roue à aubes entièrement mus par la vapeur. C'en est également l'un des derniers représentants à voguer sur le Mississippi. Souvent depuis le Vieux Carré, vous pourrez entendre le perçant sifflotement de l'orgue à vapeur (*steam calliope*) annonçant un départ imminent. Le capitaine actuel, *Scott Vieages Senior*, a lui-même sué à la construction du *Natchez* en 1975. Aujourd'hui, l'affaire prend une tournure familiale : son aîné Scott Junior est chef machiniste et ne devrait pas tarder à prendre la barre.

Lors de l'excursion, il est vivement recommandé de jeter un il à la salle des machines où pistons et engrenages s'activent lourdement entre les jets de vapeur sous pression. Au fil de la croisière, de nombreuses informations et anecdotes sont dispensées par le capitaine Robert Mitchell. Même en anglais, son timbre de bluesman suffit à vous faire voyager. En vrac, vous passerez devant le site de la bataille de Chalmette, devant Domino Sugar, seconde plus grosse raffinerie de sucre au monde ou encore devant les baraquements de Jackson, uniquement visibles depuis le fleuve. L'excursion n'est pas mystique et le paysage qui se déroule sous vos yeux n'est certes pas des plus époustouflants car très industrialisé, mais ces croisières ont vraiment le mérite de prendre du bon temps et de vous transporter à l'époque où ces mastodontes de bois étaient l'un des rares moyens de se mouvoir. Les groupes de jazz, parmi lesquels il faut citer celui du brunch Duke Heitger's & the Steamboat Stompers, jouent sous un lustre de balançant au rythme des flots. Si vous avez lu le dernier roman de l'auteur louisianais Tim Gautreaux (Nos disparus, 2014), vous pourrez vraiment avoir l'impression de vous retrouver au milieu de l'intrigue.

LAFITTE'S BLACKSMITH SHOP

941 Bourbon Street
✆ +1 504 593 9761
www.lafittesblacksmithshop.com
info@lafittesblacksmithshop.com

Cette vieille taverne est l'un des plus vieux bâtiments de la ville et l'un des seuls témoignages du style colonial français qui ait été épargné par les incendies. Au début du XIXe siècle, Jean Lafitte et son frère étaient les pirates de la ville. Si à cette époque l'esclavage était toujours légal, il était par contre interdit d'importer des esclaves. Les Lafitte attaquaient donc les bateaux étrangers, et s'emparaient de leur cargaison humaine qu'ils revendaient ensuite discrètement au prix fort. Leur atelier de forgeron leur servait de quartier général. Les vaisseaux pirates et leurs équipages étaient basés dans la baie de Barataria, d'où leur nom de « Baratariens ». Le gouverneur américain Claiborne fit apposer des affiches offrant 500 US$ à celui qui capturerait Lafitte mais quelques jours plus tard, des tracts similaires circulaient offrant 1 500 US$ pour la capture du gouverneur. Jean Lafitte était connu de toute la haute bourgeoisie de la ville qui appréciait l'aide précieuse que lui et ses hommes avaient apportée à Jackson pendant la bataille de La Nouvelle-Orléans. Aujourd'hui la boutique est devenue un bar sombre, éclairé par des bougies. Un pianiste-chanteur y joue au fond, souvent accompagné au chant par les clients. Il y règne une ambiance spéciale.

LEMONNIER MANSION

640 Royal Street

Avec ses trois étages (le quatrième fut ajouté en 1876), ce bâtiment, construit en 1811, est considéré comme le premier « gratte-ciel » de la ville. Regardez le fer forgé des balcons et repérez les initiales YLM pour Yves LeMonnier.

Dr. Yves LeMonnier fut le premier propriétaire. En 1860, Antoine Alciatoire y préparait de succulents repas. Il ouvrit par la suite au même endroit un restaurant de renom qui existe toujours et est dirigé par ses descendants.

LOUIS ARMSTRONG PARK

701 N Rampart Street, Tremé

Situé à l'extrémité d'Orléans Street, de l'autre côté de Rampart Street, ce qu'on appelait jadis Congo Square était l'endroit choisi par les esclaves pour se réunir et danser sur les rythmes des tam-tams. Chaque dimanche, quelque 2 000 personnes venaient se réunir après la messe jusqu'au coup de canon indiquant l'heure du couvre-feu. Des cérémonies vaudou avaient lieu parfois, ce qui faisait peur aux créoles. Ombragé, c'est une invitation à prendre un peu de repos.

Aujourd'hui symbole du Tremé, le parc Louis Armstrong est un mémorial des musiciens qui ont marqué les rythmes musicaux de La Nouvelle-Orléans : Louis Armstrong a sa statue devant le petit étang, Sidney Bechet a son buste près de l'entrée principale à gauche. Le parc abrite les locaux de la station de radio WWOZ, l'auditorium Mahalia Jackson (une activiste chanteuse de gospel, qui se produisit notamment devant Kennedy pour son élection en 1961) où se déroulent les opéras. Une grande place pavée est le centre de nombreux festivals, concerts et fêtes privées. C'est aussi le point de rencontre pour la parade des chiens pendant le Mardi Gras.

Attention tout de même, les alentours du parc ne sont pas des plus sécurisés.

MADAME JOHN'S LEGACY

632 Dumaine Street

✆ +1 504 568 6968

Ce cottage surélevé date de 1788 et est le monument le plus ancien du Quartier français avec le couvent des Ursulines. D'autres estiment qu'il fut construit en 1726 et serait à ce titre la plus ancienne construction de la vallée du Mississippi. Ce bâtiment est la meilleure démonstration historique de l'architecture de l'époque. George Washington Cable a rendu la maison célèbre dans son roman *Tite Poulette* qui raconte comment une maîtresse « quadrone » a utilisé tout l'héritage de son amant blanc, le père de ses enfants. De nombreux guides disent que cette maison est hantée par cette famille. L'Etat a repris le bâtiment pour en faire un de ses musées.

MOON WALK

Le long du Mississippi

La promenade romantique sur les bords du Mississippi est éclairée par des réverbères anciens qui donnent le soir une ambiance très rétro. Plusieurs bancs sont installés face à la rivière pour regarder le trafic des paquebots et des bateaux à roue. C'est aussi le parfait endroit pour voir les feux d'artifices du nouvel an, du 4 juillet (Fête nationale) et du French Quarter Festival.

NEW ORLEANS COURT BUILDING

400 Royal Street

Ce bâtiment en marbre blanc fut construit en 1908-1909 pour abriter le Louisiana Wildlife Museum. Aujourd'hui la Cour d'appel y est installée, ainsi qu'une bibliothèque juridique, le bureau de l'avocat général et un petit musée.

OLD BANK OF LOUISIANA

334 Royal Street

La bâtisse fut construite en 1826 pour y installer l'ancienne banque de Louisiane. Le carrefour était alors un véritable centre financier puisque trois des quatre angles étaient occupés par des banques. Un poste de police, la Commission du Vieux Carré et une information touristique occupent aujourd'hui l'emplacement.

La Nouvelle-Orléans.

OLD BANK OF UNITED STATES

343 Royal Street

Avec ses superbes balcons en fer forgé, ce bâtiment fut construit en 1800 pour abriter l'ancienne banque des Etats-Unis. C'est le plus ancien de tous les établissements financiers !

OLD FRENCH OPERA HOUSE

541 Bourbon Street

Les créoles, qui adoraient la musique, la danse et le théâtre, aimaient beaucoup se rendre à l'Opéra. On prit aussi l'habitude de donner des bals, particulièrement ceux de Mardi Gras, dans ce grand bâtiment construit en 1859. Tout autour s'étaient installés des magasins vendant des accessoires pour le spectacle : perruquiers, tailleurs, créateurs de masques... Lorsqu'en 1919 un incendie ravagea l'Opéra, Lyle Saxon put écrire que « le cœur du Quartier français a cessé de battre ». Sur le même emplacement s'élève aujourd'hui un hôtel.

OLD LOUISIANA STATE BANK

403 Royal Street

Ce bâtiment fut construit en 1821 pour abriter l'ancienne banque de l'Etat de Louisiane. Les plans ont été dessinés par Benjamin H. Latrobe qui fut également l'un des architectes du Capitole à Washington. On peut y voir ses initiales modelées dans le fer forgé au balcon.

OLD URSULINE CONVENT

1112 Chartres Street

✆ +1 504 529 3040

Au coin de Ursulines Street.

Cet imposant bâtiment construit en 1745 est la plus ancienne maison du Quartier français. Les premières religieuses ursulines arrivèrent de Rouen en 1727 pour éduquer les enfants et s'occuper des orphelins. En 1749, elles emménageaient dans le couvent (le même qu'aujourd'hui) puis le délaissaient en 1824.

La veille de la bataille de La Nouvelle-Orléans, Andrew Jackson avait demandé aux sœurs de prier pour son armée. Elles prièrent toute la nuit à la chapelle du couvent. Le matin, un messager leur rapporta la nouvelle de la victoire, et A. Jackson est venu en personne les remercier. Depuis, une messe est dite tous les 8 janvier dans une autre chapelle des sœurs ursulines.

OLD U.S. MINT

400 Esplanade Avenue

Au coin de Decatur Street

✆ +1 504 568 6968

La Monnaie, cet imposant bâtiment de briques rouges, a été construite en 1835 par William Strickland, pour rompre le pouvoir des banquiers de l'Est. On y a frappé la monnaie jusqu'en 1908. Après avoir été menacée de destruction plusieurs fois, l'Etat en prend le contrôle en 1966. Aujourd'hui, il héberge le Louisiana Historical Center et une bibliothèque où se trouvent les archives coloniales de l'Etat, ainsi que le New Orleans Jazz Club Collection. Cette exposition retrace l'histoire du jazz de New Orleans.

Depuis 2001, la pelouse autour du bâtiment accueille le festival Satchmo Summerfest qui se déroule début août et réunit les plus fameux musiciens de jazz traditionnel. Très bien fait et intéressant.

OUR LADY OF GUADALUPE CHURCH

411 North Rampart Street

face au cimetière

Construite lors de la grande épidémie de fièvre jaune pour bénir les morts juste avant de les brûler, l'église Notre-Dame-de-Guadeloupe sert de lieu de prière pour 2 rituels, le catholique et le vaudou. Les Saints représentés ont donc 2 noms. À droite de l'église, une petite grotte représente Notre Dame de Lourdes (Our Lady of Lourdes).

PIRATES ALLEY

Petite allée sur la gauche de la Cathédrale

Les fameux pirates de l'allée sont Jean et Pierre Lafitte qui auraient pu rencontrer le Major Général Andrew Jackson pour parler de la défense de La Nouvelle-Orléans, comme l'indique la légende. Cette allée est l'endroit le plus photographié de la ville.

PONTALBA BUILDINGS

Jackson Square

Les deux immeubles de deux étages qui bordent Jackson Square sur toute sa longueur ont été construits dans les années 1840 par Micaela de Pontalba. Orpheline de père à 3 ans, à l'âge de 16 ans cette richissime héritière épousait son cousin. Très vite un grave différend allait éclater entre elle et son beau-père, qui lui reprochait de ne pas vouloir partager son immense fortune avec son mari. Lors d'une dispute, son beau-père lui tira dessus, puis se suicida. Michaëla survécut et obtint le divorce. Amoureuse de Paris, elle entreprit l'édification d'immeubles qui lui rappelaient la capitale française. Elle en dessina elle-même les plans et veilla de près à leur construction. Elle fera ensuite construire le square au centre de la place. Très modernes pour l'époque, ces bâtiments de brique rouge et aux toits d'ardoises abritaient des échoppes au rez-de-chaussée et des appartements à l'étage. Actuellement rénovés, les deux immeubles sont la propriété, l'un de la ville, l'autre du musée de l'Etat de Louisiane.

SEIGNOURET HOUSE

520 Royal Street

Un négociant français de vin, François Seignouret, construisit cette magnifique maison en 1816. Menuisier reconnu dans tout le Sud, il créa de très beaux meubles.

ST. LOUIS CATHEDRAL

700 Chartres Street

✆ +1 504 525 9585

www.stlouiscathedral.org

La première église fut détruite par un ouragan en 1722, la seconde par l'incendie de 1788 qui dévasta presque tout le quartier. L'actuelle fut désignée cathédrale en 1793. L'un des meilleurs exemples d'architecture française. Derrière l'église, un terrain accueillait les duellistes venus défendre leur honneur à grands coups d'épée vengeresse. Devant s'étale le fameux Jackson Square, cœur de la ville.

ST. LOUIS CEMETERY #1

Au coin de Basin et Conti, derrière l'église St Jude

Construit à l'écart par peur de la propagation de la fièvre jaune, c'est le plus ancien de la ville. Les tombes sont rehaussées car cette partie de La Nouvelle-Orléans est située sous le niveau de la mer. Vous y trouverez la tombe supposée de Marie Laveau, grande prêtresse vaudou, enterrée là en 1881. Sa tombe est reconnaissable par les nombreuses marques et griffures qui ont été gravées dans la pierre.

THE PRESBYTÈRE

751 Chartres Street
✆ +1 504 568 6968
louisianastatemuseum.org
Au coin de la rue St Ann, sur Jackson Square.
Situé en plein cœur du Quartier français, à droite de la cathédrale St Louis, le Presbytère était à sa construction en 1793 la résidence des moines capucins et s'appelait Casa Curial (maison ecclésiastique). Ce bâtiment a été construit pour aller avec le Cabildo (la mairie à l'époque) et fut terminé en 1813. Pendant longtemps, ce fut un marché, jusqu'en 1834 où on installa un tribunal. Depuis 1911, l'Etat en a fait un de ses plus attractifs musées. Une exposition permanente traite de la résilience de la Louisiane dans son histoire. Une autre met en valeur ses heures de gloire.

© STÉPHANE SAVIGNARD

Voodoo Museum.

VOODOO MUSEUM

724 Dumaine Street
✆ +1 504 680 0128
Si vous n'avez pas vu le spectre de Marie Laveau, la reine du vaudou, errer dans les rues, vous le verrez peut-être au musée Voodoo parmi tous les colifichets recouverts de poussière qui s'y trouvent ou peut-être dansant avec les serpents ou Mister Zombie, le boa blanc. A ne pas rater si vous voulez comprendre un aspect important de la vie à La Nouvelle-Orléans. On y apprend l'origine et les évolutions de cette religion méconnue, l'importance des gri-gris, des philtres en tout genre et comment utiliser les poupées maléfiques contre vos pires ennemis, que vous pouvez acheter sur place ! Ce musée est composé de deux petites pièces et d'un étroit couloir très poussiéreux qui garde un semblant d'authenticité mais finalement est peu intéressant. A voir si vous n'avez rien d'autre à faire.

VOODOO SPIRITUAL TEMPLE

828 North Rampart Street
Tremé
✆ +1 504 522 9627
www.voodoospiritualtemple.com
voodoospiritualtemple@hotmail.com
Le temple est sous la direction de la prêtresse Miriam Chamani depuis 1990, qui pourra vous préparer toutes sortes de potions pour la fortune ou l'amour. Elle pourra également vous lire l'avenir avec des os de poulet et des pierres ou vous marier (comme elle l'a fait pour Nicolas Cage et Lisa Marie Presley). Son temple est chargé d'offrandes aux différents dieux vaudou et n'a rien à voir avec le poussiéreux musée Voodoo. Saurez-vous repérer où s'est faufilée Miss Aida, le python de la prêtresse ?

CBD et Warehouse District ★★

CBD. Délimité par Canal Street, le Mississippi et l'Interstate 10, ce qui était le quartier américain a été transformé en quartier des affaires.

Warehouse District. Le long du Mississippi, Tchoupitoulas Street et Magazine Street dans le Warehouse District témoignent d'un passé glorieux quand le port accueillait chaque semaine des centaines de bateaux. Les vieux entrepôts, toujours debout, sont peu à peu réhabilités en galeries d'art, en appartements d'artistes, en restaurants ou en bars et boîtes de jazz.

CONFEDERATE MEMORIAL HALL MUSEUM

929 Camp Street
✆ +1 504 523 4522
www.confederatemuseum.com
memhall@confederatemuseum.com

Tout le monde pense que le bâtiment est une église, mais non. Juste à l'extérieur du musée, à son entrée, le canon exposé a permis de défendre la ville de Mobile en Alabama durant la guerre de Sécession (1861-1865). Les uniformes, les armes, les drapeaux, les épées, les cantines et tous les autres objets exposés ont été donnés par les vétérans louisianais et leurs familles. La collection est la deuxième plus importante des Etats-Unis. L'exposition est bien organisée et propose un rare échantillon de la vie luxueuse des élites sudistes de cette guerre.

NATIONAL WORLD WAR II MUSEUM

945 Magazine Street
✆ +1 504 528 1944 /
+1 504 527 6012
www.nationalww2museum.org
info@nationalww2museum.org

Ce musée célèbre le débarquement des alliés sur les côtes françaises et plus généralement toute l'histoire de la Seconde Guerre mondiale. Il est situé à La Nouvelle-Orléans parce que les fameux Higgins boats, connus pour leurs rampes qui se baissaient pour lâcher les soldats sur les plages, ont été construits en Louisiane. Le site se découpe en plusieurs bâtiments et il faut une bonne demi-journée pour en faire le tour.

La déambulation avec ses mises en scène et reconstitution de la conquête de Berlin par les troupes alliées, *Road to Berlin*, peut prendre à elle seule une heure ; la plongée à bord du sous-marin, *Final Mission : USS-Tang Experience*, où vous pourrez vous mettre à la place de l'un des marins à bord du célèbre vaisseau qui coula le 25 octobre 1944 après avoir torpillé 33 appareils ennemis, dure 20 minutes (places limitées, il est recommandé de prendre les tickets à l'avance) et comptez 45 minutes pour le film en 4D avec Tom Hanks, *Beyond All Boundaries*. Le musée entre dans les détails sur le débarquement dans le Pacifique, la flotte aérienne américaine, à travers une multitude de documents, de pièces originales et de témoignages. C'est le seul musée aux Etats-Unis consacré à cette guerre. Né en 2000, élu attraction numéro 1 de la Louisiane et numéro 4 des États-Unis, ce musée pourra, par ses collections, fasciner, instruire et divertir les plus jeunes comme les anciens. Il est toujours intéressant de regarder l'histoire traitée d'un point de vue décentré du prisme franco-français et de prendre la mesure du patriotisme qui habite le peuple américain.

Garden District et Uptown ★★

Uptown est une large partie de la ville située entre le Quartier français et Audubon Park. Cette partie de la ville est divisée en plusieurs zones, dont le Garden District et Magazine Street.

MARDI GRAS WORLD

1380 Port of New Orleans Place
Lower Garden District
✆ +1 504 362 8211
www.mardigrasworld.com
Derrière le Convention Center.
Dans cet entrepôt au bord du Mississippi, visitez les ateliers de création de la plus grosse entreprise de fabrication de chars de carnaval de la ville. 80 % des chars de Mardi Gras sont construits par cette compagnie. Blaine Kern est surnommé Monsieur Mardi Gras parce qu'il a construit son premier char en 1947, à l'âge de 19 ans et depuis ne s'est pas arrêté. La visite permet de voir les entrepôts où sont stockés quelques anciens chars, de suivre l'histoire et la fabrication des chars. Vous verrez des dizaines et des dizaines de figurines multicolores, et cela vous donnera une petite idée de ce qu'est la folie Mardi Gras pour les Néo-Orléanais. Presque toutes les visites terminent par un *king cake* et du café.

ST CHARLES STREETCAR

www.norta.com
Le fameux tramway vert que Tennessee Williams nomma Désir descend St Charles Avenue depuis des décennies. Il effectue une longue boucle de Canal Street à Carrollton Avenue. Son trajet sous les chênes dessert les universités Loyola et Tulane et le parc Audubon. En service depuis 1835, c'est le plus vieux tramway en fonctionnement ininterrompu au monde. C'est un passage obligé de tout touriste de passage à La Nouvelle-Orléans. Montez à Canal Street et laissez-vous porter jusque dans le Garden District où vous pourrez vous balader pour admirer les fabuleuses demeures et jardins qui constituent le quartier. Prévoyez du temps, un aller dure plus d'une heure.

Mid City et Lakeview ★★

- **Mid-City.** Ce quartier commence aux abords du Quartier français jusqu'au lac Pontchartrain. Sa principale attraction est City Park et le trajet sur l'avenue Esplanade est très agréable avec ses imposants chênes et magnolias.
- **Lakeview.** De ce côté du canal, à Lakeview, on verra toujours les maisons américaines mais avec une petite touche de La Nouvelle-Orléans.

BOTANICAL GARDENS

Dans City Park
En face des terrains de tennis
✆ +1 504 483 9386 – info@nocp.org
Près de 2 000 variétés de plantes regroupées par thème sur 4 hectares : une serre tropicale, des jardins aquatiques, un jardin d'azalées et de camélias, une roseraie... Il n'y a pas de visite guidée, mais les horticulteurs qui y travaillent vous renseigneront et vous donneront de bons conseils. Après l'inondation suite à l'ouragan Katrina, le jardin botanique a perdu toute sa collection, mais avec le soutien de nombreux sponsors, le jardin a de nouveau repris vie. Une visite à ce jardin qui était autrefois un des plus jolis du Sud des Etats-Unis, contribuera à sa reconstruction. Bien sûr le printemps est le meilleur moment pour le visiter, évitez l'été où peu de plantes sont en fleur.

Canal Street sépare le CBD du Vieux Carré.

Maison du quartier français.

DEGAS HOUSE

2306 Esplanade Avenue
✆ +1 504 821 5009
www.degashouse.com
info@degashouse.com

La mère du peintre Edgar Degas était de La Nouvelle-Orléans. Edgar passa peu de temps en Louisiane, d'octobre 1872 à mars 1873. Le climat ne lui convenait pas et la lumière était trop violente pour ses yeux, mais il a tout de même eu le temps d'y peindre 22 œuvres. Les plus connues sont le *Marché de coton à La Nouvelle-Orléans*, le *Factor Row* peint en 1873, situé au coin des rues Perdido et Carondelet et le *Portrait d'Estelle*. Ces deux peintures peuvent être admirées au musée d'art moderne de New Orleans (NOMA). Les deux maisons et son studio sont les décors de la visite où sont présentés la famille et le travail du peintre. Toutes les peintures exposées ne sont que des posters ou des reproductions. David Villarubbia, le propriétaire, a fait le choix de restaurer et maintenir en état cette maison, plutôt que d'acheter les peintures. On ne peut pas tout avoir ! Un documentaire qui a reçu plusieurs prix fait revivre la maison à l'époque de Degas. C'est aussi un B&B.

LAKE LAWN METAIRIE FUNERAL HOME & CEMETERIES

Metairie cemetery
5100 Pontchartrain Boulevard
✆ +1 504 486 6331

Ce cimetière, construit sur les lieux d'un ancien hippodrome, abrite plus de 7 000 tombes. Beaucoup de Louisianais connus sont enterrés ici, dans de magnifiques monuments de style gothique, roman ou en forme de pyramide égyptienne. L'un des plus célèbres est celui dédié à la Division de la Louisiane de l'armée du Tennessee, avec deux œuvres remarquables du sculpteur Alexander Doyle (1857-1922) : une statue équestre du Général sudiste Albert Sidney Johnston (1803-1862), et une statue d'un soldat confédéré sur le point de lire une liste de morts.
La dépouille de l'ancien président des Etats Confédérés, Jefferson Davis (1808-1889), enterrée initialement au cimetière de Metairie, se trouve depuis 1893 au Hollywood Cemetery, à Richmond (Virginie). Il est possible d'obtenir un audio-guide (en anglais) gratuitement à l'entrée du cimetière, sous réserve de laisser une pièce d'identité.

NEW ORLEANS MUSEUM OF ART (NOMA)

A l'intérieur du City Park
1 Collins Diboll Circle
✆ +1 504 488 2631 /
+1 504 658 4100
www.noma.org
shayne@noma.org

Le musée possède plus de 40 000 objets d'art d'une valeur de plus de 200 millions de dollars. Cette collection regroupe des œuvres d'art américaines, bien sûr, mais aussi françaises et européennes du XVIe siècle à nos jours, l'une des plus vastes collections aux États-Unis d'objets d'art en verre, de l'art africain, océanien, précolombien, natif américain, latino-américain et asiatique (principalement des peintures japonaise de la période Edo), ainsi qu'une collection permanente de bijoux et d'œufs de Pierre-Karl Fabergé. La peinture française est à l'honneur : Renoir, Courbet, Monet, Gauguin et Degas, qui peignit plusieurs tableaux lors d'un séjour à La Nouvelle-Orléans chez son oncle en 1872-1873 (sa mère était fille de planteur).

Des toiles de Picasso, Braque, Miró, Warhol, Rodin, Giacometti complètent une grande diversité esthétique qui mérite le déplacement. Juste à côté le Sculpture Garden (Jardin des Sculptures).

SYDNEY AND WALDA BESTHOFF SCULPTURES GARDEN
Juste à la gauche du NOMA
A l'intérieur du City Park
www.noma.org
Un jardin de 2 hectares a été aménagé avec plus de 50 sculptures à découvrir au milieu des chênes, pins, magnolias, camélias et bassins. Toutes ces œuvres d'art ont été données au NOMA par la fondation Besthoff. Ces sculptures ont été réalisées par de célèbres artistes contemporains comme Antoine Bourdelle, Louise Bourgeois, Henry Moose, George Rickey, Joel Shapiro ou George Segal, et Jean-Michel Othoniel, qui a réalisé la sortie de métro Palais Royal à Paris. La balade est forcément des plus agréables...

Faubourg Marigny et Bywater ★★★

Ces deux quartiers peuvent s'avérer dangereux le soir, nous vous conseillons de circuler en taxi pour rejoindre les différents bars.

Faubourg Marigny. Le Marigny est délimité par Esplanade Avenue, Press Street, St Claude Avenue et le Mississippi. Ne pas rater Frenchmen Street, ses clubs et bars. Les nouveaux groupes de musique, plus expérimentaux, viennent faire leurs armes dans les clubs de Frenchmen.

Bywater. En traversant les Champs-Elysées (Elysian Fields Avenue) et Press Street, le Bywater est un quartier arty et bobo où maisons *shotgun* construites dans les années 1870-1890 côtoient entrepôts squattés ou transformés en ateliers. Pas de points d'intérêt précis à signaler ici. Nous vous conseillons une balade pour vous imprégner de l'ambiance populaire des deux quartiers.

Frenchmen Street. C'est la raison pour laquelle on vient dans le Faubourg Marigny. Frenchmen Street, aux dires des locaux, est la véritable rue de la musique, de la soif, de la danse et de la fête, bien plus que la touristique Bourbon. Si vous voulez découvrir de nouveaux jazzmen, écouter des ensembles expérimentaux, rendez-vous dans l'un des multiples bars et boîtes de Frenchmen.

Shotgun houses. *Shotgun* signifie « coup de feu ». Ces maisons, caractéristiques de Bywater sont conçues de manière très symétrique. Les portes sont placées face à face, de chaque côté de la maison, si bien que l'air peut circuler facilement. On dit que si l'on tire un coup de feu par l'une des portes, la balle ressort à l'exact opposé, d'où le nom de ces maisons. Bywater a souffert pendant Katrina et certaines maisons sont encore très abîmées.

Algiers Point ★★★

Algiers Point diffuse un charme désuet qui ne manque pas de séduire. La traversée en ferry pour s'y rendre permet d'aprécier une vue panoramique du Quartier français.

ALGY THEATER
446 Valette Street
Cet ancien cinéma a été construit dans les années 1940. Aujourd'hui, il a préservé son style Art déco, qui le rend intéressant, et abrite un studio de souffleurs de verre.

Quartier du Faubourg Marigny à proximité du Vieux Carré.

GREATER NEW ORLEANS

Les environs de La Nouvelle-Orléans offrent de multiples attraits.
Si Bourbon Street vous a un peu trop enivré, rendez-vous dans les vallons et tranquilles marinas du Northshore, ou bien dans le parc national Jean Lafitte dans Westbank. Plusieurs escapades à la journée sont envisageables, à condition d'avoir une voiture.

WESTBANK

Westbank, ou la rive ouest, désigne en réalité la rive sud du Mississippi, qui traverse la banlieue de La Nouvelle-Orléans (au sud du lac Ponchartrain). Cette zone inclut la paroisse de Jefferson, une partie de celle d'Orleans, ainsi que le quartier de La Nouvelle-Orléans, Algiers Point (comme il appartient à la ville et non à la banlieue, nous le chroniquons dans la section «Nouvelle-Orléans»). On peut accéder de deux manières à Westbank. A l'exception d'Algiers Point, prisé des amateurs d'architecture, Westbank ne présente pas un grand intérêt architectural. Toutefois, Westbank possède tout de même un atout de taille : ses canaux et marécages, ainsi qu'un parc national à la faune abondante. On y entendra des histoires de pirates, et notamment celles du célèbre Jean Lafitte, qui installa son quartier général dans la ville et dont le nom fut donné au parc.

Gretna

Gretna est l'une des petites villes de la paroisse de Jefferson, située au sud-ouest d'Algiers Point. Emblématique de cette zone, elle présente une grande diversité de populations. La paroisse de Jefferson date des années 1600. À l'époque, les tribus de Natifs américains étaient nombreuses dans cette région. Rapidement, les colons français s'installent et construisent leurs fermes sur ces terres fertiles. Ils sont ensuite rejoints par les Espagnols, les Allemands, les Africains, les Acadiens et un peu plus tard par les Italiens, les Chinois et les immigrants vietnamiens. On peut ainsi dire de Jefferson que c'est une terre d'accueil. Gretna possède également de nombreux restaurants ethniques.

Marrero

Avec quelque 40 000 habitants, Marrero est une petite ville de la paroisse de Jefferson. Elle abrite l'entrée de Barataria Preserve, un beau parc naturel qui compte parmi les six sites du Jean Laffitte National Historical Park & Preserve de l'Etat.

BARATARIA PRESERVE
Jean Lafitte National Historical Park and Preserve
6588 Barataria Boulevard
© +1 504 689 3690
A la sortie sud de Marrero (via Estelle), et à 16 miles au sud de La Nouvelle-Orléans.

Barataria Preserve est l'un des six sites répartis dans tout l'Etat que compte le Jean Lafitte National Park. La réserve naturelle couvre 8 100 ha de terres immergées et de marécages. Un chemin de planches permet de se diriger dans le bayou avec des spots aménagés avec des panneaux d'information permettant de découvrir la flore et la faune environnantes. Des visites guidées à pied sont organisées par les rangers. Le centre d'accueil des visiteurs propose également une exposition sur la vie sauvage des bayous et le style de vie des Cajuns.

EASTBANK

Eastbank, ou «rive est», comprend la zone au nord du Mississippi jusqu'au lac Ponchartrain. Une partie de la paroisse de Jefferson est incluse dans cette appellation, notamment les villes de Metairie et Kenner (là où se trouve l'aéroport de La Nouvelle-Orléans). Egalement comprises dans Eastbank, les paroisses d'Orleans et de St Bernard, qui englobent notamment Chalmette. Le joyau de cette zone, outre le lac Ponchartrain, est le Bayou Wildlife Refuge, repaire de nombreux animaux des marais.

Metairie

Avec 138 500 habitants, Metairie est l'une des plus grandes villes du Greater New Orleans. C'est aussi l'une des banlieues les plus anciennes de La Nouvelle-Orléans, qui lui est mitoyenne à l'est. Metairie a sa propre identité et son mélange de cultures et vous pourrez voir un cottage créole entre un bar latino et un restaurant vietnamien. Sur les rives du lac, le dimanche, les familles viennent pique-niquer, prendre le soleil ou faire du roller. On peut, à partir des rives du lac Ponchartrain, emprunter le Lake Pontchartrain Causeway Bridge pour rejoindre Northshore, 37 kilomètres plus loin. La traversée du pont n'est pas payante dans le sens Metairie – Mandeville.

Chalmette ★

Chalmette, avec 17 200 habitants, est la ville principale de la paroisse Saint-Bernard. Elle tient son nom d'un propriétaire de plantation, Martin de Lino de Chalmette, qui fonda la communauté au début du XIXe siècle. Située à 8 miles à l'est du centre-ville de La Nouvelle-Orléans, la ville est notamment célèbre pour avoir vu se dérouler la bataille de La Nouvelle-Orléans, le 8 janvier 1815, durant la seconde guerre d'indépendance américaine (1812-1815). Tout comme le quartier du Lower 9th Ward qu'elle jouxte, Chalmette fut ravagée par l'ouragan Katrina, le 29 août 2005.

■ CHALMETTE BATTLEFIELD & NATIONAL CEMETERY

Jean Lafitte National Historical Park and Preserve
8606 West Saint Bernard Highway
✆ +1 504 281 0510

Le site de Chalmette est devenu célèbre le 8 janvier 1815 lors de la bataille de La Nouvelle-Orléans. Ironie du sort, cette dernière grande bataille de la seconde guerre d'indépendance (appelée également guerre anglo-américaine de 1812) se déroula après qu'un traité mettant fin à la guerre eut été signé à Gand (Belgique) le 24 décembre 1814, à l'insu des deux protagonistes.

L'armée du général Andrew Jackson, aidée des hommes du flibustier français Jean Lafitte, l'emporta sur l'armée britannique, surentraînée et plus nombreuse. Ainsi, la victoire américaine à La Nouvelle-Orléans devint rapidement le symbole d'une nouvelle idée : la démocratie américaine triomphant sur les titres de noblesse et l'aristocratie de la vieille Europe. A coté du champ de bataille, le cimetière national accueille les dépouilles de 15 000 soldats des différentes guerres. Seulement un seul d'entre eux participa à la bataille de la Nouvelle-Orléans.

Bayou sauvage National Worldlife Refuge

Situé à l'extrême est d'Eastbank, ce bayou est l'un des endroits préférés des locaux pour observer les oiseaux, pêcher, chasser ou tout simplement se promener. Avec presque 10 hectares de terrain, ce refuge urbain est le plus grand des Etats-Unis. C'est l'un des rares endroits témoins des anciens marais qui bordaient le lac Ponchartrain.

NORTHSHORE

Une escapade au nord de La Nouvelle-Orléans par le pont du Causeway est inoubliable et pour cause, ce pont qui traverse le lac Pontchartrain est le plus long du monde : 37 kilomètres, sans aucune prise sur la terre, imaginez-vous ? Après quelques kilomètres, lorsque vous vous trouvez au milieu, vous avez l'impression d'être en pleine mer sur cet immense lac 1 586 km². Trois ou quatre fois sur toute sa longueur le pont s'élève de plusieurs mètres afin de laisser passer les gros chalutiers ou les tankers ; préparez votre appareil photo quand vous serez au point culminant, vous aurez une vue inoubliable de cette grande flèche qui s'évanouit peu à peu à l'horizon. Le Northshore regroupe deux paroisse, St Tammany, de Covington à Slidell, et Tangipahoa, Hammond et Ponchatoula. Les Français sont les premiers à s'installer de ce côté du lac au XVIIIe siècle où les Natifs américains, les Choctaw et d'autres tribus, étaient déjà installés. Le Northshore était à l'époque une destination pour échapper à la chaleur et aux moustiques et à la frénésie de la ville. Par bateau à vapeur ou par train, beaucoup y construisaient leur maison d'été qui souvent était aussi utilisée comme hôtel.

De nos jours, le Northshore est plus indépendant. L'économie a progressé et devient une destination touristique. L'ouragan Katrina a accru ses revenus et accéléré le processus de développement de la région.32 375 hectares de refuge naturel et de réserve naturelle d'animaux sont étendus sur cette région : Honey Island Swamp, Big Branch NWR et Northlake Nature Center sur le Bayou Castine.Votre séjour sera sûrement bien plus calme qu'en ville et vous fera découvrir une région plus prospère que certains endroits de La Nouvelle-Orléans.

Mandeville ★★

La ville de Mandeville a été fondée en 1834. Uniquement deux maisons subsistent de cette époque et sont enregistrées au Registre national des lieux historiques : Moore House

« Hightide », au 1717 Lakeshore Drive, et Morel Nott House, au 2627 Lakeshore Drive. C'est à partir de cette ville que l'on peut emprunter le Lake Pontchartrain Causeway Bridge et rejoindre La Nouvelle-Orléans, 37 km plus loin. L'accès est payant et doit être réglé avant de s'engager sur le pont.

LAKE PONTCHARTRAIN CAUSEWAY BRIDGE

North Shore Toll Tag Office
✆ +1 504 835 3118 /
+1 985 674 3641
www.thecauseway.us
tagsales@gnoec.org
Plus de 40 000 véhicules traversent quotidiennement le lac Pontchartrain sur le plus long pont du monde (37 km) : le Lake Pontchartrain Causeway. Ouvert en 1956, ce gigantesque pont est constitué de deux voies, séparées par l'eau et 25 mètres de distance entre elles. L'accès à l'ouvrage est payant en direction de La Nouvelle-Orléans et nécessite l'achat préalable d'un pass à coller sur le pare-brise, contrôlé lors du passage aux barrières automatiques de péage. La vue, tout au long de la traversée du Lake Ponchartrain, est magnifique.

Autres adresses : Causeway Police – ✆+1 504 835 3116 et +1 985 624 1160. • South Shore Toll Tag Office – 3812 Ridgelake Drive, Metairie. Bureaux ouvert du lundi au vendredi de 9h à 17h – ✆ +1 504 835 3118.

Madisonville ★★

Fondée en 1811 sur les bords de la rivière Tchefuncte, Madisonville est la plus ancienne ville de la région. A l'origine, ce village s'appelait « Cokie » du français Coquille. En 1811, en l'honneur du président James Madison, la ville prit le nom de Madisonville. Cette jolie bourgade jouit d'un petit port de plaisance, où l'on s'arrête pour manger des fruits de mer et pour regarder les bateaux de plaisance passer. La ville organise chaque année, au mois d'octobre, le Wooden Boat Festival.

LAKE PONTCHARTRAIN BASIN MARITIME MUSEUM

133 Mabel Drive
✆ +1 985 845 9200
www.lpbmm.org
Le musée, sis sur les rives de la rivière Tchefuncte, présente l'histoire et la culture des Natifs américains et des premiers campements des Européens dans la région. Au travers d'expositions et de différents programmes, l'archéologie marine est présentée pour éduquer les visiteurs et les nombreuses institutions qui soutiennent et travaillent en relation avec le musée. Le musée sera aussi l'endroit pour en apprendre un peu plus sur le phare, Tchefuncte River Lighthouse.

OTIS HOUSE MUSEUM

119 Fairview Drive
dans le parc naturel de Fairview sur l'autoroute 22
✆ +1 985 792 4652
www.lastateparks.com

REPÉREZ LES MEILLEURES VISITES

★ INTÉRESSANT ★★ REMARQUABLE ★★★ IMMANQUABLE ★★★★ INOUBLIABLE

Cette maison de style victorien fut construite dans les années 1880 par le propriétaire d'une scierie, W. T. Jay. Frank Otis racheta la maison et la rénova en 1930. A sa mort en 1962, il légua la maison et le terrain autour à l'Etat de Louisiane pour en faire un espace de loisirs. En 1999, la maison fut classée monument historique. En entrant dans le parc naturel, la maison Otis fait face à la rivière. Le parc offre aussi un camping de 81 places avec électricité et eau à chaque emplacement.

TCHEFUNCTE RIVER LIGHTHOUSE

✆ +1 985 845 9200
www.lpbmm.org
info@lpbmm.org
Construit en 1837, ce phare, hommage à l'histoire maritime de la Louisiane, a été très abîmé pendant la Guerre civile et a été reconstruit en 1867-1968 au même endroit avec les briques restées sur place. En 1965, l'ouragan Betsy détruisit la seule route reliant le phare et la maison du gardien en fut séparée et installée à son emplacement actuel, accessible en voiture. Le phare apparaît dans le film *L'Etrange Histoire de Benjamin Button*, de David Fincher, et est le sujet de nombreux articles et photos. Interdit d'accès au public, on pourra le prendre en photo en bateau ou depuis la côte à la pointe sud de la Highway 1077.

Covington ★★

L'histoire de la fondation de Covington reste floue. Certains racontent qu'un homme d'affaires de New York, John Wharton Collins, aurait créé cette ville en la nommant Town of Wharton du nom de son père. D'autres pensent que c'est en l'honneur du général Leonard Covington, un héros de la guerre de 1812, que cette ville gagna son nom. Toujours est-il qu'aujourd'hui, il fait bon errer dans le vieux Covington entre les magnifiques maisons du centre-ville, ses adorables petites boutiques et ses quelques galeries d'art, dont St. Tammany Art Association qui sera le point de départ pour rendre visite à ses homologues du coin, sans manquer le marché fermier du samedi ! On pourra aussi commencer la soirée en écoutant un groupe sur le bord de la rivière, au Bogue Falaya Wayside Park, pour ensuite finir dans l'un de ses nombreux bons restaurants.

Abita Springs

Cette petite ville se situe à l'est de Covington. Au début du XXe siècle, de nombreux visiteurs y venaient en cure pour l'air pur et l'eau de source. Aujourd'hui, les cures se sont transformées en une visite des cottages victoriens dans la vieille ville, une balade à vélo dans les pins sur le Tammany Trace ou la visite de la brasserie Abita Brewery.

ABITA MYSTERY HOUSE

22275 Highway 36
✆ +1 985 892 2624
www.AbitaMysteryHouse.com
Les alligators ne vous impressionnent pas : venez rencontrer des *dogigator, bassigator* et autres bestioles monstrueuses, tout droit sorties de l'imagination de John Preble. C'est un musée qui traverse les âges, c'est une boutique de souvenirs et gadgets uniques, c'est un dédale de micro-univers où l'on appuie sur des boutons et actionne des machines. C'est un monde, celui d'un artiste, parfois maugréant, souvent troisième degré, qui aime son coin, son monde.

Bush

À 16 miles au nord-est de Covington, la petite bourgade de Bush abrite le vignoble Pontchartrain, où se déroule le festival Jazz in the Vines.

PONTCHARTRAIN VINEYARDS

81250 Old Military Road
✆ +1 985 892 9742
www.pontchartrainvineyards.com
winery@pontchartrainvineyards.com
C'est en France que le propriétaire de ces vignobles s'est dit que lui aussi il pouvait profiter de ces petits vallons aux sous-sols argileux pour faire pousser des vignes. Un choix osé pour les puristes, sachant que sous un climat tropical les pieds de vigne sont vendangés deux fois par an. À base de cépages endémiques, les vins de Pontchartrain Vineyards sont peut-être légèrement surcotés, mais la qualité reste honnête et la typicité respectée. Les blancs peuvent rappeler nos côtes-de-gascogne, notamment le Trolley. Chez les rouges, goûtez au Rouge Militaire, vieilli en fût pendant 36 mois. Le Dah Red se rapprochera plus de la rondeur bordelaise. Rapportez un souvenir pour le moins exotique (de 8 à 30 US$ la bouteille).
Au printemps, c'est Jazz'n the Vines, avec transats dans les vignes et de quoi se sustenter.

Slidell ★

La ville de Slidell a été construite aux environs de 1882 pendant l'importante construction du chemin de fer de La Nouvelle-Orléans au Mississippi qui est relié avec les lignes en direction de Cincinnati (Ohio) et aussi de New York. Au début du XXe siècle, plusieurs usines ouvrent dans la région (construction de briques, de bateaux, scierie...). Avec l'installation des autoroutes 10 et 12 qui se croisent à Slidell, la ville devient un arrêt très fréquenté par les voyageurs qui ne veulent pas rester à La Nouvelle-Orléans. Dans les années 1960, l'ouverture des bureaux de la NASA et de l'usine d'assemblage d'une partie du moteur des navettes spatiales près de Bay St. Louis (Mississippi) développe la partie résidentielle de Slidell.
Slidell a été très touché lors de l'ouragan Katrina. Les maisons sur le bord du lac et les baraques de pêcheur ont entièrement disparu ; restent quelques pilotis. Toutefois, certains pêcheurs ont reconstruit de modestes campements et Teddy Avenue, la rue principale de la vieille ville de Slidell avec ses jolies maisons, modestes et ombragées, semble reprendre vie. Les restaurants et d'anciens lieux emblématiques comme The Old Town Soda Shop (au 301 Cousin Street) rouvrent peu à peu.

Ponchatoula

A 45 min de New Orleans, côté ouest du lac Pontchartrain, la ville de Ponchatoula était au début du XXe siècle une ville importante. Sa population a énormément chuté, mais Ponchatoula reste connue pour ses nombreuses boutiques d'antiquités, rassemblées sur West Pine Street (fermées le lundi et le mardi).

Au mois d'avril, la ville organise le Strawberry Festival (festival de la fraise) pour fêter la récolte des fraises venant de la région.

LE PAYS DES PLANTATIONS

Il est temps de s'enfoncer dans l'arrière-pays pour découvrir ce que vous avez toujours imaginé à la seule évocation de la Louisiane : les plantations. Elles sont toutes situées au bord du Mississippi pour la bonne raison que leur survie en dépendait, tous les échanges commerciaux se faisant sur le fleuve. Les planteurs affrétaient des barges pour descendre leur production de coton ou de tabac vers La Nouvelle-Orléans et les produits manufacturés dont ils avaient besoin revenaient par la même voie. Aujourd'hui, la plupart des plantations ne sont plus des exploitations agricoles sauf exception (Lloyd Hall à Cheneyville est une ferme en activité), mais des musées et des B&B. En partant à la découverte des plantations, vous croiserez Baton Rouge, la capitale de la Louisiane, bien différente du reste de l'État et même un peu morose. Préférez-lui St. Francisville ou l'une des multiples plantations pour séjourner.

LA ROUTE DES PLANTATIONS

La mousse espagnole accrochée aux chênes centenaires, silhouettes tantôt effrayantes, tantôt protectrices, les imposantes demeures blanches à colonnades et les maisons créoles aux porches colorés sont autant de vues que vous croiserez le long de cette magnifique route des plantations. Great River Road part de Natchez (Mississippi) et longe la mythique Mississippi River sur plus de 212 miles, jusqu'à La Nouvelle-Orléans. Nous traitons ici de la portion entre New Orleans et Baton Rouge, qui court sur plus de 70 miles (environ 110 km). Plantation Road ou River Road est une suite d'autoroutes ponctuées d'anciennes plantations qui ont survécu depuis les XVIIIe et XIXe siècles. Parmi les levées, barrages construits par l'homme et voués à protéger les champs des caprices du Mississippi, vous apercevrez les maisons des plantations, souvent érigées dans le style Renaissance grecque, parfois dans le style créole. Mark Twain, entre autres, a contribué à populariser cette route historique, où se mêlent petite et grande histoires, entre légendes de fantômes et guerre de Sécession. Leur visite permet de comprendre les us et coutumes des planteurs de l'époque, souvent de riches familles européennes ou créoles, mais aussi les conditions de vie des esclaves et les conséquences architecturales du climat louisianais sur ces maisons. Notez qu'en plus de la maison principale certains domaines conservent d'autres baraquements, comme ceux des esclaves, ou encore les dépendances de la demeure principale, la cuisine par exemple. La plupart des maisons ont survécu jusqu'au début des années 1920, mais la crise et la déliquescence de l'industrie de la canne à sucre ont durement frappé la plupart d'entre elles. La renaissance de cette région commence dans les années 1940, quand les premières demeures sont restaurées (Oak Alley, Houmas House...).

Destrehan ★★

Destrehan se situe à 30 minutes de La Nouvelle-Orléans. Destrehan Plantation est son joyau.

DESTREHAN PLANTATION
13034 River Road
Highway 48
✆ +1 877 453 2095
www.destrehanplantation.org
info@destrehanplantation.org
La plantation a été construite en 1787 dans le style colonial français par un mulâtre libre, Charles Pacquet, puis réaménagée dans le style Renaissance grecque dans les années 1830-1840 pour loger les 14 enfants de la famille Destrehan. C'est la plus ancienne plantation répertoriée dans le delta du Mississippi. La maison est aujourd'hui une longue bâtisse créole, huit colonnes doriques sont alignées sur sa façade, deux ailes l'encadrent de chaque côté. On dit que le célèbre pirate Jean Lafitte y aurait caché son trésor et hanterait la demeure les nuits d'orage... Si ce genre d'aventures vous intéresse, on propose à Destrehan une visite relatant les nombreuses histoires de fantômes qui habitent le manoir. Le jardin contient quelques magnifiques spécimens de chênes plus que centenaires. La visite est assurée par des guides en costumes et, le week-end, on peut assister à des démonstrations d'artisanat ancestral, comme la teinture à l'indigo.

Garyville

Garyville est à 50 minutes de La Nouvelle-Orléans et 40 minutes de Donaldsonville. On y découvre la très réputée San Francisco Plantation.

SAN FRANCISCO PLANTATION
2646 Highway 44
✆ +1 888 322 1756
www.sanfranciscoplantation.org/
Avec son allure étrange et ses couleurs délirantes, cette maison a de quoi surprendre. Construction de style néogothique, victorien et classique, elle a exigé trois ans de travaux (achevés en 1856). Edmond Bozonier Marmillion, passionné de bateaux à aube, la fit édifier dans le Steamboat Gothic Style.
Son plan était très original pour l'époque : le salon principal se trouve à l'étage, la salle à manger et les pièces de service (cellier et cave à vins) au rez-de-chaussée. Le toit d'ardoises, énorme, est également de construction inhabituelle, troué de lucarnes qui aèrent le grenier.
Quant au système d'alimentation en eau à l'aide de tuyauteries reliées à des citernes, il était tout simplement révolutionnaire. Le nom de cette maison n'a rien à voir avec la ville de San Francisco.
Tout ce modernisme coûtait cher et le fils du premier propriétaire, Valsin Marmillion, nomma en 1860 sa demeure Saint-Frusquin – du patois français *sans fruscins*, « sans un sou en poche » –, car cette petite folie avait englouti la fortune familiale ! En 1879, le nouveau propriétaire, Achille D. Bougères, la rebaptisa San Francisco.
Aujourd'hui, elle appartient à une compagnie pétrolière, la Marathon Oil Company, qui a participé à sa restauration en 1974-1976.
La plupart des décorations que vous y voyez sont authentiques, les autres ont été reconstituées le plus fidèlement possible d'après des fragments d'origine.

Wallace

Wallace, localité voisine d'Edgard, se trouve à 45 minutes de voiture de La Nouvelle-Orléans. La visite de la plantation Whitney, premier musée dédié à l'esclavage des États-Unis, peut très aisément se coupler avec celle de la plus tarditionnelle mais non moins charmante Evergreen.

WHITNEY PLANTATION HISTORIC DISTRICT

5099 Highway 18
✆ +1 225 265 3300
www.whitneyplantation.com

La plantation Whitney (ouverte à la visite en décembre 2014) n'est pas une plantation comme les autres. On n'y va pas pour admirer le style architectural préféré par le planteur (la visite de la demeure principale est assez brève), ni pour s'imaginer dans la peau des dames d'*Autant en emporte le vent.* On vient ici parce l'histoire racontée par les guides trouve sa source dans les témoignages de ceux qui naquirent esclaves ; parce que 54 personnes au moins auraient vécu dans les cases de fortune (que l'on visite) et auraient été enchaînées dans cette plantation fondée par Ambroise Haydel (dont la famille possédait la demeure voisine, Evergreen Plantation), et parce qu'on y apprend qu'il existait plus de cent cinquante façons de nommer et traiter un être né la peau noire, parce qu'à une époque un enfant blanc pouvait demander un enfant noir pour Noël, parce que des années après l'abolition de l'esclavage, des Noirs étaient encore enfermés dans des cages en fer et parce que dans les faits l'esclavage a pris un autre visage sans totalement disparaître. Avec son monument aux anges déchus, à la mémoire de ces enfants tués ou abandonnés à la naissance pour être venus au monde métis ou noirs, ou encore ces menottes si petites que l'on a du mal à s'imaginer l'âge de celui ou celle qui devait y glisser ses poignets, la Whitney Plantation est devenue le premier musée des États-Unis dédié à l'esclavage. Sans tomber dans le sordide toutefois, les guides sachant préserver les oreilles les plus chastes. À voir.

Edgard

Sis sur la rive ouest du Mississippi à hauteur de Garyville, ce village fait partie de ce qu'on appelle la Côte des Allemands, *German Coast.* La plantation Evergreen a d'ailleurs été fondée par un migrant allemand au XVIIIe siècle.

EVERGREEN PLANTATION

4677 Highway 18
✆ +1 985 497 3837
evergreenplantation.org
evergreenplantation@gmail.com

Cette partie de la rive du Mississippi a très tôt été prisée par les colons allemands, c'est la *German Coast.* Ambroise Haydel (ou Heidel) s'établit sur ce qui deviendra la plantation Evergreen en 1721. Cultivant l'indigo d'abord, la ferme s'oriente vers le sucre, plus rentable. Très bien préservée, Evergreen demeure l'une des plus intactes plantations de canne à sucre du sud des États-Unis.

La maison principale de style créole s'est parée à la mode *Greek revival* en 1832 suite aux travaux de rénovation lors du rachat de la ferme des Heidel par Pierre Becnel, inspiré par le style américain des bâtisses néo-orléanaises. Devenue plantation, on y visite un parterre façon jardin à la française, des garçonnières et pigeonnières, des commodités Renaissance grecque, la maison des esclaves, la cuisine et une allée de 82 chênes vieux de deux cents ans bordée de 22 cabines d'esclaves (deux familles par cabine de 20 mètres carrés) qui furent occupées jusqu'en 1947. C'est cette allée qui a fait rêver pas mal de réalisateurs dont ceux de *Django Unchained, Twelve Years a Slave* et *True Detective* qui sont venus tourner ici. Mais l'allée originale a dû laisser le rôle à sa voisine plus télégénique. Dessinée ultérieurement, ses chênes sont d'un siècle plus jeunes ; plus droits, ils donnent une meilleure impression de majestuosité. L'histoire d'Evergreen est aussi complexe que l'histoire de la Louisiane elle-même mais les guides font du bon travail en rendant le tour informatif et divertissant.

Vacherie ★★

Vacherie est à 1 heure de La Nouvelle-Orléans et 35 minutes de Donaldsonville. On vient ici bien sûr pour les fabuleuses Laura Plantation et Oak Alley Plantation.

LAURA PLANTATION

2247 Highway 18
✆ +1 225 265 7690
www.lauraplantation.com
info@lauraplantation.com

Une des visites les plus complètes, qui raconte l'histoire de la famille propriétaire, aborde l'esclavage et traite des différences culturelles entre créoles et Américains. La visite est basée sur les mémoires de Laura, une des propriétaires de la plantation, qui racontent près de cent ans de vie à la créole. En effet, cette plantation créole est différente des autres, dans son style et dans son fonctionnement. La maison a été restaurée dans les couleurs d'origine, mais les pièces sont restées telles qu'elles ont été trouvées par les actuels propriétaires. Elle a été construite dans le style créole en 1805 et a conservé une douzaine de bâtiments, les cases des esclaves, les deux bâtiments d'habitation et les cottages.
La visite guidée a été écrite grâce aux recherches effectuées sur place et aux Archives nationales à Paris. Vous ne trouverez ici ni robe à crinoline, ni *mint juleps* sirotés langoureusement sur le porche de la maison. En revanche, on explique que derrière la belle maison principale où demeurait une famille blanche vivaient les esclaves qui avaient apporté avec eux culture et traditions du Sénégal. Une plantation n'était rien d'autre qu'une communauté dont le but était de faire prospérer l'ensemble de l'exploitation. Les guides parlent aussi des différences de mœurs et, plus important, de business, entre créoles et Américains, et comment les créoles ont dû s'adapter pour préserver leur activité après la vente de la Louisiane. Durant l'été 2004, l'aile centrale à l'arrière de la plantation a brûlé suite à un court-circuit. Beaucoup d'archives et de documentations ont été perdues dans l'incendie. Grâce au soutien de nombreux amis de la plantation et de la passion des propriétaires et des guides, la maison a pu continuer à vivre. Avec des artisans locaux, elle a été reconstruite comme elle était à l'origine. Ne ratez pas cette excellente visite, très différente des autres. La jolie boutique permet de ramener quelques beaux souvenirs. Vous pourrez continuer l'histoire de la saga familiale Duparc-Locoul en allant suivre la visite du monde créole dans le Quartier français.

OAK ALLEY PLANTATION

3645 Highway 18
✆ +1 225 265 2151
www.oakalleyplantation.com
contactus@oakalleyplantation.com
A 53 miles à l'ouest de La Nouvelle-Orléans.

Du balcon de cette demeure, préparez-vous à admirer l'allée la plus célèbre de la Louisiane : 28 magnifiques chênes plantés aux environs de 1690. Ces chênes ont incroyablement bien résisté aux ouragans, d'ailleurs des paratonnerres ont été installés à leur sommet afin de leur éviter d'être foudroyés. 28 est le nombre fétiche de la propriété : 28 chênes, 28 colonnes doriques qui entourent l'habitation et 28 dépendances. Construite en 1839 par un planteur de canne à sucre français, Jacques Télésphore Roman, dans le style Renaissance grecque et en briques faites à la main, Oak Alley (l'allée de chênes) est rachetée en ruine en 1925 par un courtier en coton, Andrew Stewart. A sa mort, une fondation a été créée par sa femme Jacqueline pour entretenir la maison. En hommage à la mémoire de cette bienfaitrice, toutes les pendules de la maison sont arrêtées à 7h30, heure de sa mort à l'âge de 93 ans. La visite, menée par des guides en costume d'époque, est intéressante. Vous obtiendrez de nombreux détails sur la vie quotidienne des planteurs. Par exemple, vous apprendrez que chaque matin, les domestiques aplatissaient les matelas à l'aide d'un rouleau de bois encastré dans le panneau de la tête du lit. On vous expliquera aussi les techniques architecturales pour préserver la maison de la chaleur humide (hauts plafonds, murs épais). La légende veut qu'un esclave de la plantation ait réussi à greffer un pacanier (arbre voisin du noyer). De nos jours, les pacanes, ou noix de pécan, entrent dans la composition de nombreux desserts louisianais (les *pecan pies* et les pralines) et sont même exportées. Un plan vous sera remis pour visiter le reste du domaine, notamment les quartiers des esclaves et le cimetière Stewart. Restaurant et café sur place.

La plantation d'Oak Alley.

Napoleonville

Napoleonville est à 25 minutes de Donaldsonville et 1 heure 30 de La Nouvelle-Orléans. On peut y visiter la plantation Madewood.

MADEWOOD PLANTATION HOUSE

4250 Hwy 308
✆ +1 985 369 7151
www.madewood.com
madewoodpl@aol.com

A mi-chemin entre Baton Rouge et La Nouvelle-Orléans. Si l'on vient de La Nouvelle-Orléans, prendre l'I-10 à l'ouest, sortie 182, traverser Sunshine Bridge et continuer la Hwy-70 en suivant « Bayou Plantations ». Au panneau « Spur 70 », tourner à gauche. Continuer unmile jusqu'au stop puis tourner tout de suite à gauche sur la Hwy-308, parallèle au bayou Lafourche.

Cette maison, érigée selon le style Renaissance grecque, accueille de nombreux événements culturels. Construite en 1846 selon les plans de l'architecte irlando-américain Henry Howard sur les bords du bayou Lafourche, cette maison de 21 pièces et de proportions parfaites tient son nom des arbres de la propriété qui furent utilisés pour sa construction avec plus de 600 000 briques faites à la main par les esclaves.

La famille Pugh, originaire d'Angleterre, fit fortune dans le coton et la canne à sucre et construisit cette plantation d'après les modèles des résidences de Caroline du Sud. Six colonnes ioniques reposant sur un stylobate et surmontées d'un fronton lui donnent des allures de temple grec. La demeure est très élégante avec ses planchers en pin, ses marbres blancs et sespersiennes vert Vieux Sud. Pugh est mort de la fièvre jaune en 1852 et est enterré dans le cimetière familial derrière la maison, que l'on peut également visiter.

Pendant la guerre civile, la demeure fut épargnée de la destruction grâce à un officier unioniste qui en était tombé amoureux. Elle fut rachetée et rénovée en 1964 par Naomi et Harold Marshall, parents de l'actuel propriétaire Keith Marshall. Keith, qui a étudié l'histoire de l'art à l'école de Rhodes et à l'université d'Oxford, a décoré la maison avec beaucoup de goût, collectionnant avec finesse chez les antiquaires de La Nouvelle-Orléans des meubles et des tableaux.

La restauration a pris plus de trente-cinq ans. Pour la petite histoire romantique, Keith a connu sa future femme, Millie, à l'âge de 12 ans, lorsqu'ils étaient roi et reine du carnaval de La Nouvelle-Orléans. Millie a assisté aux anniversaires de Keith, mais le couple ne s'est formé qu'à l'âge de 31 ans. Keith a alors épousé Millie dans le cadre si romanesque de la plantation, et depuis ils travaillent tous deux à sa restauration et à l'accueil de leurs hôtes. Les films *A Woman Called Moses*, avec Cicely Tyson, et *Sister, Sister*, avec Eric Stoltz, Jennifer Jason Leigh et Judith Ivey, furent tournés ici.

Darrow ★★

Darrow se situe sur la rive ouest du Mississippi, face à Donaldsonville (rive est). La petite ville abrite Houmas Plantation.

■ BOCAGE PLANTATION

39050 Hwy 942
✆ +1 225 588 8000
www.bocageplantation.com
info@bocageplantation.com

Bocage Plantation est bien moins connue que ses consœurs et pourtant elle mérite une visite. Son architecture Renaissance grecque est considérée par les amateurs comme la plus originale du pays. Construite en 1837, la maison a d'abord fonctionné comme plantation, avant de servir comme décor de cinéma, puis de prendre sa forme actuelle de B&B.

HOUMAS HOUSE PLANTATION AND GARDENS

40136 Highway 942
✆ +1 225 473 9380
www.houmashouse.com
kk@houmashouse.com
Houmas House ressemble à l'idée que l'on se fait d'une plantation romantique. L'actuelle paroisse d'Ascension était autrefois habitée par les Indiens houmas, d'où le nom de ce domaine à deux bâtiments, le premier de l'époque coloniale et de style provincial français avec une influence espagnole, l'autre de type Renaissance grecque.

Donaldsonville ★★

Bien cachée là où le bayou Lafourche et le Mississippi se retrouvent, Donaldsonville fut fondée par un Anglais, William Donaldson, en 1806. C'est la troisième plus vieille ville de l'État et la deuxième par son nombre de maisons historiques. 635 bâtiments datent de 1865 à 1930. Malheureusement, aujourd'hui la plupart d'entre eux sont en très mauvais état, ce qui donne à l'ensemble un air un peu triste. Donaldsonville n'est désormais plus qu'une halte sur la route des plantations, pour manger un bout.

HISTORIC DONALDSONVILLE MUSEUM

318 Mississippi Street (Highway 18)
✆ +1 225 746 0004
Témoignant de la prospérité de la ville, capitale de la Louisiane pendant un an de 1830 à 1831, le musée est installé dans le plus vieux « grand magasin » de l'Etat. Il présente peintures, meubles et toute sorte d'objets du Donaldsonville de la grande époque. On y trouve aussi quelques brochures touristiques.

White Castle ★★

White Castle, le «château blanc», abrite l'une des plantations les plus célèbres de Louisiane, une des plus chéries aussi, Nottoway. D'aucuns disent que la ville a pris son nom d'après la demeure de la plantation, aux dimensions exceptionnelles.

Louisiana State Capitol, Baton Rouge.

NOTTOWAY PLANTATION
31025 Highway 1
✆ +1 225 545 2730
www.nottoway.com
info@nottoway.com
À 30 km de Baton Rouge.

Nottoway Plantation est l'une des plantations préférées des Lousianais. Après deux ans de rénovation et de restauration, elle a rouvert en janvier 2009, complétée par un resort, avec piscine et terrain de tennis, qui ternit un peu l'authenticité du domaine. John Hampden Randolph fit construire cette magnifique maison en 1859 après avoir amassé une fortune considérable dans la culture et le commerce du coton au nord des Etats-Unis. Edifiée en dix ans par Henry Howard, l'un des plus grands architectes de La Nouvelle-Orléans, la maison a pu répondre aux besoins d'une plantation de canne à sucre de plus de 2 000 hectares. Randolph, homme résolument moderne, avait même fait installer une petite centrale qui permettait d'éclairer toute la maison avec des lampes à gaz et d'avoir de l'eau chaude au robinet. Cet homme de progrès était aussi un homme amoureux, et la frise de magnolias en dentelle de plâtre décorant la corniche du plafond de la salle de bal est une délicate attention envers la maîtresse de maison dont c'était la fleur favorite. Cette salle de 20 m de long est entièrement blanche : plancher, plafond, colonnes, moulures et cheminées de marbre. Des miroirs étaient apposés au bas des meubles afin que les jeunes filles puissent vérifier la tombée de leurs robes. Randolph, qui avait onze enfants dont huit filles à marier, avait vu grand et luxueux et cette salle de bal impressionnait les éventuels prétendants. Reconnaissable par ses colonnes massives, sa haute silhouette et ses nombreuses galeries et balcons, elle offre une belle vue sur le Mississippi. Les chiffres sont éloquents : soixante-cinq pièces, sept escaliers intérieurs en acajou et deux escaliers extérieurs, vingt-deux colonnes corinthiennes en cyprès, une galerie semi-circulaire, des balustrades en fer forgé, douze cheminées de marbre d'Italie sculptées à la main, des poignées de porte en porcelaine de Dresde, de magnifiques frises de plafond différentes dans chaque pièce... Nottoway est toujours l'une des plus grandes et des plus luxueuses maisons de Louisiane.

Plaquemine

Plaquemine est une petite ville à une vingtaine de kilomètres de Baton Rouge souvent omise, à tort, dans les circuits touristiques. Pourtant, son sympathique centre-ville à fleur de Mississippi peut se révéler une bonne étape pour déjeuner après avoir visité une des multiples plantations du coin. Les plaqueminiers (arbres à kaki) y sont aujourd'hui rares et son imposante écluse lui a valu pendant un temps de tenir le titre de carrefour commercial de la Louisiane. La petite cité de Plaquemine se caractérise par son aspect propret... et les embouteillages que vous rencontrerez si vous partez en direction de Baton Rouge passé 15h30. Son centre-ville borde le bayou éponyme. La balade dans les espaces verts le long de la rivière est plutôt recommandée ; vous pourrez aussi grimper sur la levée pour voir le Mississippi et comprendre l'ampleur de l'entreprise de construction de l'écluse. Enfin, ne manquez pas de lever les yeux vers l'imposant clocher de l'église St. John, la « cathédrale du bayou », ou de traîner ici ou là pour contempler les façades des nombreuses demeures *antebellum*.

BATON ROUGE ★

Une fois la visite des plantations terminée, vous pourrez rejoindre Baton Rouge pour y passer la nuit. Tout au long de la route, vous verrez des champs de canne à sucre dont la récolte s'effectue en octobre. Baton Rouge (229 493 habitants) est la capitale et le siège administratif de l'Etat. C'est la deuxième ville de Louisiane en taille, mais sa visite est rapide.

CAPITOL PARK MUSEUM

660 North Fourth Street
✆ +1 225 342 5428
www.louisianastatemuseum.org
capitolparkmuseum@crt.la.gov

Rarement mentionné, c'est pourtant une étape quasi indispensable afin de mieux saisir tout ce que vous verrez, ressentirez, croirez comprendre, expérimenterez au cours de votre séjour en Louisiane. Immense, très fourni, attrayant et interactif, ce musée passe tout au crible. L'histoire en partant de la préhistoire (Poverty Point) pour arriver au gouverneur Huey Long en passant par les guerres de Sécession et mondiales (au rez-de-chaussée), l'esclavage et la lutte pour les droits civiques des gens de couleur. La richesse de la biodiversité louisianaise : ses côtes, ses écosystèmes, ses bêtes et ses plantes, son agriculture, son industrie fluviale... Et bien sûr, tout l'héritage culturel de la Louisiane : ses Mardi Gras, « fais-dodo », ses crevettiers, les précurseurs de la musique « du diable », Armstrong, etc. Prenez un grand bol de savoirs avant d'aborder le reste de l'État !

LOUISIANA ART AND SCIENCE MUSEUM

100 South River Road
✆ +1 225 344 5272
www.lasm.org

Ce musée est installé dans un ancien dépôt du chemin de fer des années 1920, sur le bord du Mississippi. Le musée d'Art et des Sciences propose différentes expositions pour les enfants et les adultes ainsi qu'une galerie d'art égyptien. Le planétarium possède un des équipements multimédia les plus sophistiqués au monde : projection de films 70 mm, un show laser pour 150 personnes sur un dôme de 18 m de haut. Le *night show* dure 45 minutes.

LOUISIANA STATE UNIVERSITY (LSU)

Highland Road et Dalrymple Drive
Centre d'information
✆ +1 225 578 5030
www.lsu.edu

Baton Rouge vit au rythme de son université, LSU, et de son équipe de football étudiante les LSU Tigers. Vous verrez partout des drapeaux, fanions, autocollants, T-shirts ou autre représenter le tigre-mascotte sur fond violet. On peut se promener librement sur le campus et voir le stade où jouent les Tigers et surtout le tigre... vivant, dans une cage au milieu du campus. La mascotte de l'université, Mike, est un énorme tigre qui se prélasse au milieu des étudiants !

LSU MUSEUM OF ART

Shaw Center for the Arts, 5e étage
100 Lafayette Street
✆ +1 225 289 7200
www.lsumoa.com

Le musée d'art de LSU fait partie d'un vaste projet d'accès pour le public et les étudiants aux diverses collections d'art et aux programmes d'éducation. Le musée partage le bâtiment avec le Shaw Center for the Arts et de nombreux autres partenaires culturels, dont le Manship Theatre de 325 places à l'acoustique exceptionnelle. Les expositions tournent régulièrement – le fonds compte plus de 3 000 pièces. On y voit principalement des arts décoratifs, de la peinture et de la sculpture. La part belle est faite à la jade chinoise, aux meubles européens et américains des XVIIIe et XIXe siècles, et à l'art contemporain américain. Jetez un œil aux œuvres de Clementine Hunter, cette ancienne esclave qui gagna en partie son affranchissement grâce à ses peintures de scènes du quotidien dans une plantation.

LSU RURAL LIFE MUSEUM AND WINDRUSH GARDENS

4560 Essen Lane
✆ +1 225 765 2437
rurallife@lsu.edu

Ce musée a pour vocation de présenter la vie telle qu'elle était dans les environs aux XVIIIe et XIXe siècles, c'est-à-dire le travail à la plantation, les différents métiers exercés et les conditions de vie des esclaves. Grâce à la générosité de M. Burden, ancien propriétaire de cette terre et paysagiste renommé qui a notamment travaillé pour LSU, le musée a pu réunir plusieurs bâtiments originaux et les réinstaller sur ce terrain. Ainsi, tout ce que vous voyez, la grande grange, les carrés des esclaves, la maison du contremaître, est d'origine. La visite est assez intéressante car elle aborde bien plus le thème de l'esclavage que nombre de plantations, à l'exception de Whitney.

MAGNOLIA MOUND

2161 Nicholson Drive
entre le centre-ville et le campus de la LSU
✆ +1 225 343 4955
www.magnoliamound.org

Cette plantation créole, construite vers 1791, est la plus ancienne des environs. Elle a été restaurée le plus fidèlement possible, dans le style créole français, pour en faire un musée. Ses murs ont été élevés selon la méthode du bousillage entre poteaux, mélange de boue et de mousse espagnole que l'on fait sécher entre des poutres en bois. Une maison de contremaître, un pigeonnier, une cuisine d'époque et un hangar pour les véhicules se trouvent dans un jardin d'herbes et de plantes à récolter. Des cours de cuisine sont donnés le mardi et le jeudi, d'octobre à mai. Cette plantation, plus modeste que les autres, est toutefois intéressante à visiter car elle a hébergé pendant un temps Armand Duplantier, bras droit de La Fayette. Il s'était en effet remarié, après avoir perdu sa première femme, avec la veuve de M. Joyce, le premier propriétaire de la plantation. Notez que la plantation n'a jamais appartenu à M. Duplantier car, à l'époque, les femmes françaises restaient maîtresses de leurs possessions en se mariant – à l'inverse des femmes américaines déjà moins libres. La visite est assez complète et bien renseignée.

OLD GOVERNOR'S MANSION

502 North Boulevard
✆ +1 225 387 2464
www.oldgovernorsmansion.org
info@fhl.org

Cette *mansion* a été construite en 1929 par le gouverneur Huey P. Long pour devenir sa nouvelle résidence. L'histoire raconte que Huey P. Long voulait désespérément avoir une plus grande demeure. La législature ne le voyait pas du même œil et refusait de lui donner les fonds nécessaires.

Par un admirable jeu de pouvoir, il annonça que la maison était envahie par les termites et la fit détruire en une nuit par les détenus de la prison de l'Etat. La législature dut bien évidemment baisser les bras et faire construire et décorer une nouvelle résidence pour ne pas laisser leur gouverneur installé dans un hôtel. Aujourd'hui, cette *mansion* est un musée historique et le siège de la Foundation for Historical Louisiana. La maison a été rouverte au public en 1999 après une importante restauration. De nombreux meubles et objets ayant appartenu aux précédents gouverneurs louisianais y sont exposés. La visite n'est pas très originale, mais avec un peu d'imagination on peut voir comment les politiciens louisianais pouvaient vivre au-dessus de leurs moyens.

OLD STATE CAPITOL

100 North Boulevard
✆ +1 225 342 0500
www.louisianaoldstatecapitol.org

Jusqu'à ce que le gouverneur Huey P. Long fasse construire l'actuel Capitole, ce bâtiment était le centre du gouvernement louisianais. Construit en 1847, il fut brûlé pendant la guerre civile et reconstruit en 1882. Son architecture a été critiquée par de nombreux écrivains dont Mark Twain qui affirmait que ce building était le plus monstrueux des rives du Mississippi et que la dynamite devrait finir le travail charitable que le feu avait commencé. Une récente rénovation lui a redonné son aspect d'autrefois avec d'impressionnants vitraux et des ornements en acajou aussi brillants que le jour de leur construction. Plusieurs expositions permanentes sont à voir : une consacrée au gouverneur Huey P. Long, très controversé, considéré comme tyrannique par les uns, généreux et progressiste par les autres, et à son assassinat mystérieux. On y dresse aussi le bilan politique de Baton Rouge. Enfin, le film d'une heure raconte l'histoire du fantôme Pierre qui erre entre ces murs...

STATE CAPITOL BUILDING

State Capitol Drive
✆ +1 225 342 7317
www.crt.state.la.us

Voici le plus haut Capitole des Etats-Unis. Construit entre 1934 et 1935 (pendant quatorze mois), il compte trente-quatre étages. Le gouverneur Huey P. Long réussit à convaincre la magistrature de voter un amendement pour constituer les fonds de ce nouveau Capitole. Il fut assassiné en 1935 et inhumé dans les jardins du Capitole. Vous trouverez sa statue à l'entrée. La tour abrite aujourd'hui le siège du gouvernement louisianais. Vous pouvez visiter la Chambre des représentants et le Sénat lorsqu'ils ne sont pas en session. La tour, carrée puis octogonale à partir du 22e étage, est flanquée aux angles de quatre statues allégoriques représentant la Loi, la Science, la Philosophie et l'Art. L'escalier d'entrée comporte quarante-huit marches représentant les quarante-huit Etats dans leur ordre d'entrée dans l'Union. L'Alaska et Hawaï y ont été ajoutés ultérieurement. Au sommet est gravée la devise des Etats-Unis : *E pluribus Unum* (One from Many). Deux groupes de statues monumentales encadrent les marches : à l'est les patriotes sont en deuil et pleurent après une bataille, à l'ouest les pionniers symbolisent le courage des hommes et des femmes qui ont construit l'Etat à partir de rien.

Baton Rouge
0
300 m
N
Mississippi
River
Ted
Dunbar
Ave.
Leesville Ave.
N 3Rd St
Lakerridge Dr.
Maison du gouverneur
Vers Southern Université
St Francisville et les plantations
Baker et Zachary
Capitol Lake Dr
Capitol Access Rd
Office du tourisme
et State Capitole de Louisiane
Musée
de l'Arsenal
110
State Capitol Dr
Lakeland Dr
N 6Th
Spanish Town Rd
University Walk
Peabody
Lucilla LN
Bungalow LN
N 8Th
N 9Th
N 13Th
North St.
North St
N 3Rd
N 4Th
N 5Th
N 6Th
N 7Th
N 10Th
Main
Main
N 12Th
Laurel
Laurel
River Road
Église épiscopale
Saint James
Florida Blvd
Florida Blvd
Lafayette
Convention
Convention
N 11Th
LSU Museum of Art
Louisiana Art
and Science
museum
North Blvd
Musée de l'Ancien Gouverneur
Ancien Capitole
et Centre de recherche
d'Histoire politique
de Louisiane
Office du tourisme
America
S 11Th
S 12Th
S 13Th
Place Riverfront
Somerulos
Louisiana
Grandpre
Louisiana
St Ferdinand
USS Kidd DD-661
Musée militaire de la Marine
Spain
Government
Larkins
Maximilian
France
River Road
St James
St Philip
Europe
Renalver
St Charles
Royal
Napoléon
Beauregard
S 10Th
S 13Th
Iberville
St Louis
Mayflower
East Blvd
Hart
Alley
Peach
Catfish Town-Landmark
Antique Plaza
St Joseph
South Blvd
South Blvd
vers Port Allen
10
10
Brick Yard LN
Nicholson Dr.
Myrthe
vers Nouvelle Orléans
et plantations
Julia St.
Vers Louisiana State
University et
LSU rural life musuem
and windrush gardens
Vers Magnolia Mound
Terasse Avenue

Statue devant le State Capitol Building.

La frise gravée à la base du bâtiment illustre les luttes de la Louisiane, son admission dans l'Union et le développement de ses ressources naturelles. Une citation gravée sur la porte à côté de l'entrée principale rappelle les paroles de l'ambassadeur Robert Livingston au moment de sa négociation pour l'achat de la Louisiane en 1803 : « Nous avons vécu longtemps, mais c'est l'œuvre la plus noble de nos vies... Les Etats-Unis prennent aujourd'hui place parmi les premières puissances du monde.» A l'intérieur, une présentation multimédia vous permet un rapide et intéressant aperçu de l'histoire politique de la ville. Vous pouvez aussi monter gratuitement en haut de la tour : du 27e étage, vous avez un panorama de Baton Rouge, à l'est les jardins, à l'ouest le Mississippi, au nord les immenses usines et raffineries qui le bordent, au sud les jardins du capitole et la LSU.

USS KIDD

305 South River Road
✆ +1 225 342 1942
www.usskidd.com
info@usskidd.com

Pas besoin d'être fanatique des cuirassés ou de films de guerre pour monter à bord de ce contre-torpilleur (*destroyer*) ayant fait ses classes notamment pendant la Seconde Guerre mondiale. La balade se fait seul à l'aide d'un plan détaillé (en français sur demande) et vous pourrez aller littéralement dans chaque recoin des trois étages du *USS Kidd*. Les lance-torpilles, les dortoirs (jugez du confort), les cuisines étriquées, les toilettes (« conviviales »), les cabines « luxueuses » des supérieurs, la salle de commande, etc. Les enfants adoreront ! Attention à la tête, les marins de l'époque étaient plus petits et d'une manière générale on est toujours à l'étroit dans un tel bateau.

ST. FRANCISVILLE ET SA RÉGION

En venant de Baton Rouge, la différence du paysage est flagrante. On passe des usines chimiques à une épaisse forêt où le peintre John James Audubon a passé de nombreuses années à dessiner la faune, principalement les oiseaux, pour la répertorier. St Francisville est une petite ville du XIXe siècle, très agréable, située au milieu des bois. De Baton Rouge, il vous faudra environ 45 min en voiture, et nous vous recommandons d'y passer la nuit, plutôt que de rester dans la capitale louisianaise. Les options hébergement et le cadre y sont plus sympathiques.

St. Francisville ★★

Deuxième ville créée en Louisiane, St. Francisville a la particularité d'avoir été fondée sur un cimetière. L'ordre des Capucins espagnols avait établi une église en 1730 de l'autre côté de la rive du Mississippi, dans la paroisse de Pointe-Coupée, mais les nombreuses crues du fleuve ont rendu les enterrements impossibles.

Les habitants ont alors commencé à traverser le fleuve afin d'enterrer leurs morts sur les collines sèches. Naturellement le village s'est établi autour de leur cimetière et a pris le nom de leur saint patron François. Les Anglais s'y sont installés ensuite. En 1850, les bateaux à vapeur et le coton font de St. Francisville le plus grand port sur le Mississippi entre La Nouvelle-Orléans et Natchez. On dit qu'à cette époque deux tiers des millionnaires américains vivaient sur les bords de cette portion du fleuve. Sans aucun doute, nombre d'entre eux habitaient St. Francisville. Il suffit de se promener dans le quartier historique, constitué de 146 bâtiments tous inscrits au Registre national des monuments historiques, pour s'imaginer ce qu'ont pu être sa grandeur et sa richesse ! On verra en particulier dans Prosperity Street un immeuble de style Renaissance grecque, construit par un avocat de New York en 1842 et qui abrite depuis un cabinet juridique. Les magasins d'antiquités (heures d'ouverture fantaisistes) sont nombreux, mais on ne peut pas dire qu'il règne une intense activité. Toutefois, St. Francisville reste une petite ville tranquille et charmante, où il fait bon passer une nuit après avoir visité les plantations des environs.

AUDUBON STATE HISTORIC SITE – OAKLEY PLANTATION HOUSE

11788 Highway 965
✆ +1 225 635 3739
audubonstatehistoricsite.wordpress.com
audubon@crt.la.gov

La demeure de la plantation, petite et blanche, est entourée d'un grand parc. La visite guidée (explications écrites en français) est intéressante. Le visiteur peut voir, suspendue au-dessus de la table de la salle à manger, une palette en bois qu'un esclave actionnait pour rafraîchir les convives. La maison contient de très belles pièces d'argenterie. John James Audubon (XIXe siècle), célèbre ornithologue américain, était le précepteur de la fille des premiers propriétaires. Il capturait puis empaillait les oiseaux qu'il peignait ensuite avec moult détails, dans une petite chambre de la taille d'un placard.

VISITE

AUDUBON MARKET HALL

9856 Royal Street

Construit en 1819, il fut d'abord un marché en plein air (les deux grandes arches étaient faites pour laisser passer les chariots). Le marché fermé en 1868, le bâtiment servit tour à tour de loge maçonnique, de théâtre, de bibliothèque et, pour finir, de 1947 à 1978, d'hôtel de ville. Il a récemment été restauré dans son état d'origine.

ANGOLA MUSEUM – LOUISIANA STATE PENITENTIARY

Hwy 66 (Tunica Trace)

✆ +1 225 655 2592

www.angolamuseum.org

La prison d'Etat de haute sécurité a ouvert un musée consacré à la vie pénitentiaire. La visite est très intéressante même si c'est surtout un hymne au travail courageux des gardiens. On aurait également aimé que l'on nous parle des conditions de détention des prisonniers. Plusieurs rodéos sont organisés pendant l'année (infos en ligne). C'est un moment assez spécial où les prisonniers vendent leur art et participent aux festivités. Un café tenu par les détenus a ouvert tout récemment.

CATALPA PLANTATION

Catalpa Lane

9508 US Highway 61

✆ +1 225 635 3372 / 2256353372

Cette plantation n'est pas un musée, et c'est ce qui fait son charme. La propriétaire, Mrs Thompson, vit encore dans la maison, héritage de son père, au milieu de souvenirs d'un autre siècle. Elle vous expliquera que les meubles, la vaisselle et les bibelots viennent pour la plupart de France (chandelier de baccarat, porcelaine aux couleurs de Napoléon ou peintes par Audubon...). Lors de la guerre de Sécession, tout a

Maison de Saint-Francisville.

été caché dans le lac au fond du jardin. L'idée était d'autant plus excellente que la maison a été presque entièrement détruite. Sur le piano Pleyel traînent encore des partitions de chansons de Jenny Lind, si souvent jouées que les touches du piano en sont tout usées. Ne refusez pas le verre de *sherry* que Mrs Thompson vous offre, son plaisir est de raconter (malheureusement en anglais seulement) la vie de sa maison (et la sienne). Sa mère habitait à Rosedown, ses grands-parents à Oakley et son père à Catalpa... En ressortant, vous aurez vraiment l'impression d'avoir fait un voyage dans le temps.

■ GRACE EPISCOPAL CHURCH

Ferdinand Street

Vers l'est sur Ferdinand Street, vous verrez la deuxième plus vieille église épiscopale de Louisiane, construite en style gothique entre 1858 et 1860.

■ GREENWOOD PLANTATION

6838 Highland Road
✆ +1 225 655 4475
www.greenwoodplantation.com
info@greenwoodplantation.com

Une plantation hors du commun. Imposante demeure de style Renaissance grecque, elle fut construite en 1830 et restaurée en 1960 après un grand incendie auquel n'échappèrent que ses vingt-huit colonnes doriques. De nombreux films y furent tournés dont le fameux *Nord et Sud*. Alentour, une forêt immense de chênes et un petit étang qui sépare la maison des chambres. Le prix de la nuitée (de 104 à 140 US$) comprend le petit déjeuner et la visite de la maison qui vaut assurément le coup d'œil.

■ MYRTLES PLANTATION

7747 Highway 61
✆ +1 225 635 6227
www.myrtlesplantation.com
chloe@myrtlesplantation.com

Cette magnifique plantation de 200 ans possède une architecture typiquement louisianaise, avec le fer forgé qui orne presque toute la maison. Cet endroit est aussi connu pour sa tapisserie d'Aubusson, ses chandeliers en cristal de baccarat, ses meubles français dorés à la feuille d'or et ses fantômes !

L'histoire raconte que chaque propriétaire qui a vécu dans cette maison a vu un membre de sa famille tué violemment. Même si les histoires de fantômes ne vous passionnent pas, nous vous recommandons cette visite pour la beauté de la maison. On y a cultivé d'abord l'indigo, puis le coton. La plantation fait aussi B&B et restaurant (Carriage House).

■ OUR LADY OF MOUNT CARMEL ROMAN CATHOLIC CHURCH

Ferdinand Street

En traversant Ferdinand Street, sur la colline se dresse Notre-Dame-du-Mont-Carmel. Construite sur les plans dessinés par le général sudiste Pierre Gustave Toutant de Beauregard en 1871, elle fut terminée en 1893. C'est une église catholique romaine.

■ PORT HUDSON STATE COMMEMORATIVE AREA

Jackson
236 Highway 61
✆ +1 225 654 3775
porthudsonshs.wordpress.com
porthudson@crt.la.gov

A 14 miles au sud-est de Saint-Francisville.

Lorsque la Nouvelle-Orléans tomba aux mains de l'Union, fin avril 1862, le maintien du contrôle du fleuve Mississippi par les Etats Confédérés devint une priorité majeure. Bien que les sudistes aient déjà renforcé les défenses de Vicksburg (Mississippi), il leur fallait à tout prix protéger d'autres points stratégiques. Les hauteurs près de la petite ville de Port Hudson représentaient un site parfait pour attendre l'ennemi. Le siège de Port Hudson par l'Union commença le 23 mai 1863. Environ 30 000 soldats nordistes, sous le commandement du major général Nathaniel P. Banks, s'opposèrent à 6 800 confédérés, sous le commandement du major général Franklin Gardner. Port Hudson tomba le 9 juillet 1963, après quarante-huit jours de siège. Ce fut le plus long siège de la guerre civile et la première fois que des régiments noirs participèrent aux combats.

ROSEDOWN PLANTATION
12501 Highway 10
✆ +1 225 635 3332
Rosedown a été construite en 1835 par Martha et Daniel Turnbull. Leur sens exceptionnel de l'art leur a permis de meubler la maison et de la remplir d'objets de France et d'Italie, ramenés par bateau au retour de la vente de leur récolte de coton. En 1828, lors d'une de leurs visites du château de Versailles et d'autres jardins en France, en Italie et en Angleterre, le couple fut si inspiré qu'il dessina les plans des jardins dans un style français du XVIIe siècle. Ils furent les premiers Louisianais à importer les camélias, les azalées et beaucoup d'autres plantes. Le résultat est de toute beauté. Avec la guerre de Sécession et l'abolition de l'esclavage, le couple perdit ses cinq cents esclaves. Les Turnbull moururent ruinés. Leur dernière petite-fille vécut jusqu'en 1955 dans cette belle demeure classique à colonnes doriques. Le domaine, acheté en 1956 par Catherine Fondren Underwood, a été restauré après huit ans de travaux. Les moindres détails de la vie au temps des planteurs ont été recréés, ce qui rend la visite intéressante mais sans vie, comme si on visitait un musée. A remarquer : l'immense lit de style gothique originellement destiné à Henry Clay, candidat à la présidence en 1844. Ce dernier n'ayant pas été élu, Daniel Turnbull racheta ce meuble d'art pour lequel il fit bâtir une pièce supplémentaire.

New Roads ★★

Cette ville de 5 000 habitants située au sud-ouest de Saint-Francisville est l'une des plus anciennes bourgades de Louisiane. Son implantation date de 1822, lorsque quelques bâtiments furent construits au niveau du terminus d'un « chemin neuf » (New Road) qui reliait Fausse-Rivière à l'ancien lit du Mississippi plus au nord. Les Louisianais apprécient cette ville à l'atmosphère sereine et à l'ambiance décontractée, où l'intrusion touristique n'existe pas. Ici il faut prendre son temps, et prendre le temps de faire des rencontres.

PARLANGE PLANTATION
8211 False River Road
✆ +1 225 638 8410
A 6,5 miles au sud du centre-ville.
Construite en 1750 par le marquis Vincent de Ternant dans le style créole colonial, Parlange est l'une des plus anciennes plantations de Louisiane. C'est également l'une des rares plantations toujours en activité.

© STÉPHANE SAVIGNARD

Greenwood Plantation.

© STÉPHANE SAVIGNARD

Rosedown Plantation.

Poupées souvenirs du festival acadien.

LE PAYS CAJUN

Le pays cajun vous touche en plein cœur. Outre La Nouvelle-Orléans, c'est assurément la région à ne pas rater. Pour ses paysages magnifiques de bayous et de marais, pour son histoire acadienne si particulière, pour sa gastronomie pimentée et inventive, et surtout, surtout pour ses habitants, si chaleureux et tellement sympathiques. Nos lointains cousins parlent un français à l'accent chantant, aux mots désuets, que l'on ne se lasse pas d'écouter. Ce qui tombe bien, puisque les Cajuns ne se lassent pas non plus de nous parler ! Bienvenue dans un pays à part entière, où la fête, la bonne chère et le partage sont à l'honneur.
Prévoyez des chaussures confortables pour danser et un bon appétit pour goûter à toutes les spécialités. Ici, on ne mange pas pour vivre, on vit pour manger !

LAFAYETTE ★★★

À 50 miles de Baton Rouge sur l'I-10, Lafayette est la capitale du pays cajun où il vous sera sûrement possible de parler français. S'il n'y a pas grand-chose à voir ici d'un point de vue architectural, on y vient en revanche pour manger et danser.
En 1700, avant l'arrivée des premiers Espagnols, la région était occupée par les Amérindiens Attakapa. Ils étaient très puissants et redoutés des autres tribus de la région. On ne connaît pas la date exacte de l'arrivée des premiers Européens sur ces terres ; pour les historiens, les premiers trappeurs et fermiers s'installèrent ici dans les années 1760.
Puis les Acadiens, chassés par bateaux entiers d'Acadie (actuelle Nouvelle-Écosse, au Canada) par les Anglais lors du tragique Grand Dérangement, arrivèrent en nombre en Louisiane après moult péripéties. Ils reçurent un accueil hostile de l'aristocratie française établie à La Nouvelle-Orléans et s'installèrent dans ces régions difficiles afin de reproduire leur Acadie perdue.
En 1821, Jean Mouton donna un terrain pour construire une église catholique près du bayou Vermilion. Un petit bourg s'édifia naturellement autour, et en 1823 l'État de Louisiane créa la paroisse de Lafayette. Du fait de sa situation, ce premier village de la paroisse fut nommé Vermilionville. Après qu'il se fût développé pour devenir une ville, on le renomma Lafayette en 1844 en l'honneur du célèbre marquis français. La région s'est développée dans les années 1970 grâce à l'industrie pétrolière. La ville est donc très étendue.
Le centre-ville s'anime principalement les vendredis soir, vers 18h, quand l'une des rues principales ferme pour laisser place à un groupe de musique cajun et aux danseurs de tous les âges. Fin avril, la ville accueille le Festival international de Louisiane.

Plusieurs scènes sont éparpillées dans le centre-ville et présentent de la musique locale, mais aussi étrangère des pays francophones. À plus petite dimension, le Festival acadien, le deuxième week-end d'octobre, offre musique, art et gastronomie locale. Lafayette est une ville sympathique, où il fait bon se baser pour rayonner dans tout le pays cajun dans la journée et sortir le soir.

■ ACADIAN CULTURAL CENTER

Jean Lafitte National Historical Park and Preserve
501 Fisher Road
✆ +1 337 232 0789
Une halte dans ce centre culturel est vivement recommandée. Il constitue un très bon complément de visite au Vermilionville Historic Village. Les *rangers* présents sont très serviables et le film (35 minutes, en français) projeté sur grand écran qui retrace la déportation des Acadiens en Louisiane est vraiment captivant (rien à voir avec les vidéos classiques typiques des musées). À ne pas manquer également, la présentation des différentes caractéristiques de la culture cajun, comme Mardi Gras, la langue française ou encore les différents types de musiques.

■ ACADIAN VILLAGE

200 Green Leaf Drive
A 13 miles au sud-ouest de Lafayette
✆ +1 337 981 2364
www.acadianvillage.org
Sortie 100 sur l'I-10, puis prendre Ambassador Caffery vers le sud, à droite sur Ridge Road, ensuite à gauche sur W. Broussard.
Un village acadien du XVIIe siècle est ici reconstitué. Tout y est : l'église, l'école, la maison du médecin avec ses instruments. Les maisons sont en bousillage. Toute l'histoire des Acadiens est bien expliquée. On réalise soudain quelles étaient leurs conditions de vie et ce qu'ils ont enduré. Passionnant. Possibilité de visites en français. Le principe est un peu le même que le plus authentique Vermilionville Living History Museum.

■ ALEXANDRE MOUTON HOUSE LAFAYETTE MUSEUM

1122 Lafayette Street
✆ +1 337 234 2208
Construite au XIXe siècle, cette élégante demeure a abrité le premier gouvernement démocratique de la Louisiane. Vous pourrez y voir des documents, des cartes et des costumes de Mardi Gras.

■ CATHEDRAL OF ST. JOHN THE EVANGELIST

914 St John Street
à l'intersection de St John Street et de Main Street
✆ +1 337 232 1332
www.saintjohncathedral.org
Construite en 1821 avec des briques rouges, elle est imposante. Sur son flanc gauche se dresse un énorme chêne vieux de cinq siècles, maintenu par des attelles pour qu'il ne s'écroule pas. Derrière la cathédrale, on peut se promener dans le cimetière de Lafayette, qui comporte un nombre impressionnants de tombes gravées de noms français.

■ CHILDREN'S MUSEUM OF ACADIANA

201 East Congress Street
✆ +1 337 232 8500
www.childrensmuseumofacadiana.com
Si vous voyagez en famille et qu'il pleut durant votre séjour à Lafayette (ce qui est plutôt courant), le Children's Museum, avec le Science Museum, est le lieu idéal. Très interactif, on y trouve

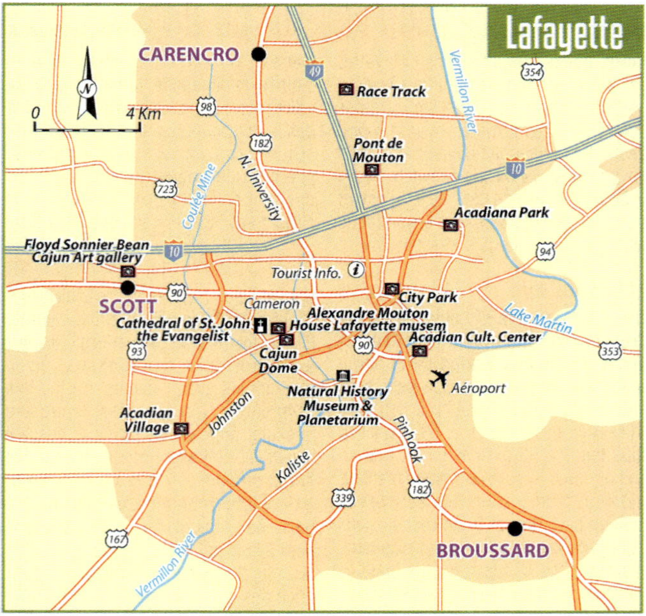

en version miniature un hôpital, une banque, une ambulance (une vraie !), le café des enfants, un dentiste, un studio d'enregistrement ainsi que différents espaces d'activité.

VERMILIONVILLE LIVING HISTORY MUSEUM

300 Fisher Road
Au coin de Surrey Street
✆ +1 337 233 4077
www.vermilionville.org

Pour commencer la visite du pays cajun, Vermilionville devrait être une étape obligatoire pour comprendre la vie des Acadiens au XIXe siècle. Un village cajun a été entièrement reconstitué, certaines des maisons présentées sont d'origine, d'autres sont des répliques. Les guides sont habillés en habit d'époque. C'est très vivant, dans chaque maison un artisan, acadien bien sûr, vous raconte, en français la plupart du temps, la vie d'antan et son métier (pêcheur, fileuse de coton, menuisier, violoniste...). Dans l'école, on vous expliquera avec grande ferveur la signification du drapeau acadien, l'histoire et les interdits de l'enseignement et de la pratique du français dans les écoles louisianaises. Le site propose également des tours en bateau.

L'EST DU PAYS DE CAJUN

Cette région, au sud-est de Lafayette, est particulièrement riche sur le plan naturel. C'est le meilleur endroit pour suivre l'un des fameux *swamp tours*, ces tours guidés des bayous et marais environnants. Le bassin de l'Atchafalaya débute au niveau de Lafayette, à l'est, et descend jusqu'à Houma. Le bayou Teche longe le bassin jusqu'à Morgan City.

Breaux Bridge ★★★

N'oubliez pas que la Louisiane est le premier producteur au monde d'écrevisses et Breaux Bridge sa capitale mondiale. Rien que dans le bassin de l'Atchafalaya, on en pêche à peu près 11 000 tonnes par an ! Un festival a lieu tous les ans fin avril et début mai en son honneur. C'est vraiment le meilleur moment pour y aller. Les écrevisses mises à part, Breaux Bridge est une jolie bourgade où se succèdent magasins d'antiquaires sur la rue principale. A l'orée de la ville, Lake Martin est infesté d'alligators et abrite une faune variée. L'occasion d'un *swamp tour* en plein pays cajun.

Henderson

Situé à 15 miles à l'est de Lafayette (sortie 115 sur l'I-10), Henderson est un petit village échoué au bord du bassin de l'Atchafalaya, le plus grand marécage de rivière du monde (300 km de long). En été, l'ambiance des fins de semaine est tout à fait folle. Les habitants des villes environnantes prennent leurs bateaux et se retrouvent ici. Ils mangent et boivent (beaucoup, et toute la journée), pêchent et dansent pendant que les enfants font du ski nautique sur l'eau couleur marron glacé du bassin. Un orchestre joue en plein air le dimanche après-midi, ce qui attire ceux qui passent le week-end dans des *house boats* au milieu de l'eau. Tout ce monde se retrouve dans une atmosphère d'indescriptible gaieté. Inutile de dire que si vous parlez français, vous serez très vite la coqueluche de la fête.

St. Martinville ★

Surnommée « le petit Paris de Louisiane », St. Martinville compte 7 000 habitants. Elle est fondée en 1730 par des Français, sur le territoire des Atakapa, qu'ils exterminent avec l'aide de la tribu des Chitimacha. L'arrivée des Espagnols quelques années plus tard les pousse à s'installer de façon permanente sur les bords du bayou Teche, où ils fondent un comptoir commercial baptisé « le poste des Atakapas ». La ville doit son nom à son église catholique consacrée au culte de saint Martin de Tours. C'est l'une des plus anciennes de Louisiane, établie en 1765 par des missionnaires français. L'église, elle, fut bâtie en 1844. C'est en 1811 que le poste des Atakapas devint officiellement Saint Martinville. D'ailleurs en l'honneur de son ancien nom, vous pouvez voir sur la place de l'église une statue de bronze d'un Amérindien Atakapa. De nouvelles vagues d'émigrants écossais, allemands, irlandais, créoles, antillais, italiens et bien entendu acadiens débarquent ensuite. Tous adoptent la langue française. Les Acadiens trouvent enfin, après dix ans d'errance, une terre d'asile où, de plus, on parle leur langue. Le chêne d'Evangeline témoigne de l'importance de la culture acadienne à St. Martinville.

Statue de l'indien Attakapas sur la place de l'église.

C'est à l'arrivée des aristocrates fuyant la Révolution que cette ville est rendue plus célèbre et qu'on la surnomme « le petit Paris ». Le faste et les excès de l'ancienne monarchie déteignent alors sur St. Martinville. Avec l'aide des riches planteurs de la région, ils font construire un théâtre et jouer notamment *Le Barbier de Séville* par des artistes de La Nouvelle-Orléans. Plus tard, l'occupation américaine précipite son déclin, même si aujourd'hui de nombreux habitants restent fidèlement attachés à la culture française.

ACADIAN MEMORIAL

Museum of the Acadian Memorial
121 South New Market Street
✆ +1 337 394 2258
www.acadianmemorial.org

Situé le long du Bayou Teche, tout près du chêne d'Evangeline, le monument acadien est dédié à la mémoire des milliers d'hommes, de femmes et d'enfants qui, à partir des années 1760, ont été contraints de quitter leur Acadie natale (actuelle Nouvelle-Écosse, au Canada) pour la Louisiane. Notez la peinture murale de Robert Daffort qui représente leur arrivée (jumelée avec une autre peinture qui se trouve à Nantes). Le mur des Noms liste 3 000 personnes, identifiées comme réfugiés acadiens. Enfin, une flamme éternelle brûle dans le jardin du centre, pour faire vivre à jamais la mémoire de tous les Acadiens morts en chemin. Le musée du Monument acadien se partage les lieux avec le Musée afro-américain.

EVANGELINE OAK

Au bout d'Evangeline Boulevard
Sur les bords du bayou Teche.

Situé en plein cœur de St. Martinville, ce chêne, s'il n'est pas le plus vieux de Louisiane, peut se vanter d'être le plus photographié.

Ce chêne symbolise le drame de la déportation de milliers d'Acadiens lors du Grand Dérangement, bien souvent séparés de leur famille. Ce chêne bicentenaire est tout proche de l'endroit où débarquaient hommes et marchandises. La légende raconte qu'Evangeline, qui devait se marier avec Gabriel, quand ils furent séparés, et ensuite déportés, vint tous les jours pleurer au pied de ce jeune chêne. Un beau jour, après bien des années, alors qu'elle était devenue une vieille femme, ses prières furent enfin exaucées. Gabriel, à qui elle était toujours restée fidèle, débarqua. Elle le reconnut tout de suite, mais son immense bonheur fut de courte durée. Gabriel, lui, s'était marié. La pauvre Evangéline, qui jusque-là avait résisté à toutes les dures épreuves subies en tant qu'Acadienne dans l'espoir de le revoir un jour, ne put le supporter. Elle mourut quelques semaines plus tard de chagrin... Cette triste histoire est parvenue jusqu'à nos jours grâce au célèbre poème de Henry Longfellow, qui porte le nom de notre bien malheureuse héroïne.

LONGFELLOW EVANGELINE STATE HISTORIC SITE

1200 North Main Street
✆ +1 337 394 3754

L'histoire francophone des différentes familles qui ont vécu sur le bayou Teche. On y compare la vie dans une plantation créole aux environs de 1800 et celle dans une ferme typique acadienne. Belle demeure construite en 1815, tout en brique, bousillage et bois de cyprès. Ce qui est très intéressant, c'est l'authentique impression qui est donnée de la vie des planteurs du XIXe siècle.

ST. MARTINVILLE CULTURAL HERITAGE CENTER
125 South New Market
✆ +1 337 394 2273 / +1 337 394 2233
www.stmartinville.org
Visite d'une petite exposition plutôt bien documentée sur la naissance de l'Acadiane, la déportation des Acadiens, l'histoire d'Evangeline, l'esclavage et le commerce triangulaire.

New Iberia ★★

Cette petite ville de 32 000 habitants est le siège de la paroisse d'Iberia, qui regroupe les villes de Jeanerette, Loreauville et les villages de Lydia, Olivier, Grand Marais, Jefferson Island et Avery Island. Elle a gardé son nom d'origine espagnole et reste marquée par les différentes influences française, espagnole et acadienne de son histoire. Le peuplement de la région date du milieu du XVIIIe siècle. En 1779, sous le gouvernement espagnol, des colons de l'Espagne et des Canaries (Peninsula Iberia), envoyés par le lieutenant-colonel Francisco Bouligny, viennent rejoindre les quelques colons français déjà établis, pour cultiver le lin et le chanvre sur cette nouvelle terre, d'abord baptisée « colonie d'Ibérie ». Un groupe d'Acadiens exilés vient la rejoindre à la fin du XVIIIe siècle. La colonie d'Ibérie devient alors la reine du Teche. En 1836, le premier bateau à aube rallie La Nouvelle-Ibérie à La Nouvelle-Orléans. La ville prospère alors dans la culture de la canne à sucre. Au début du XXe siècle, la découverte du pétrole et l'exploitation des mines de sel accélèrent le développement de la paroisse, et une infrastructure pétrolière se met en place : possibilité de mouillage en eaux profondes pour les bateaux, construction de plateformes pétrolières et d'habitations pour les ouvriers.
Aujourd'hui, New Iberia est la capitale de la canne à sucre, mais on y cultive également le soja et le riz. De belles petites maisons créoles historiques s'alignent sur Main Street, cœur de la ville avec Bouligny Plaza, où se trouve la statue de Francisco Bouligny, fondateur de la ville. Jetez un œil sur la mosaïque au sol, elle décrit l'histoire de la cité. Sur un terrain plus fictif, c'est à New Iberia qu'officie le shérif adjoint Dave Robicheaux, héros dépressif des nombreux polars du célèbre James Lee Burke.
La Nouvelle-Ibérie revêt également son habit de patrie du jazz en comptant parmi ses défunts habitants William G. « Bunk » Johnson, qui aurait, entre autres, tout simplement été le professeur d'un certain Louis Armstrong.
Enfin, George Rodrigue, auteur des célèbres peintures du *Chien bleu*, a vu le jour ici-même.

CONRAD RICE MILL – KONRIKO
307 Ann Street
✆ +1 337 364 7242
www.conradricemill.com
C'est le plus vieux moulin à riz toujours en activité aux Etats-Unis, ouvert en 1912 par Phillip Conrad et classé aujourd'hui bâtiment historique. Conrad plantait lui-même son riz, le faisait sécher sur les levées, le mettait dans des sacs de cent livres pour le porter au moulin en ville, qui fonctionnait de septembre à Noël. Le commerce de Conrad se développant considérablement, il créa dans les années 1950 sa propre marque : Konriko, du nom de son entreprise, Conrad Rice Company. Le riz est encore préparé de façon traditionnelle.

Un diaporama très kitsch (il n'a pas été réactualisé depuis les années 1970...) et peu objectif car idyllique, vous présente en 15 min la vie et les mœurs du pays, The Cajun Culture. C'est assez amusant, mais on ne vous parlera pas vraiment de la culture du riz ! Dans le moulin, la visite vous présente les différentes variétés de riz (au *jambalaya*, au *gumbo*, à l'artichaut, mélangé, pilaf, cajun, brun...), la confection des gâteaux de riz et l'étape de l'emballage. En attendant la visite guidée, dans le magasin, on vous proposera une sélection des riz Konriko et autres produits locaux (et moins locaux *made in China*), et on vous offrira un café et une soupe chaude aux haricots rouges si vous avez un petit creux.

THE EPISCOPAL CHURCH OF THE EPIPHANY
303 W. Main Street
✆ +1 337 369 9966
www.epiphanyiberia.org
Church@epiphanyiberia.org
C'est l'une des plus anciennes églises néogothiques en brique de Louisiane et le plus ancien bâtiment public de New Iberia. Elle date de 1856 et fut consacrée en 1858 par l'évêque Leonidas Polk, qui avait quitté l'armée pour se dédier à ce ministère. Pendant la guerre civile, il rejoignit les rangs armés et combattit pour le Sud. L'église est transformée en hôpital puis en écurie sous l'occupation des forces de l'Union.

SHADOWS-ON-THE-TECHE
317 East Main Street
✆ +1 337 369 6446
www.shadowsontheteche.com
shadows@shadowsontheteche.com
Avant de visiter la maison, on vous diffuse un film de 15 minutes présentant son histoire, sous-titres français possibles. Cette très jolie maison de planteur fut construite en 1834 dans le style Renaissance grecque par David Weeks, un riche planteur de canne à sucre. A la fin du XIXe siècle, c'est l'exploitation du sel qui l'emportera dans les cultures de la plantation. Vous pouvez encore lire, gravés sur la porte de la bibliothèque, les autographes des célébrités du monde des arts qui furent invitées à la plantation pour les somptueuses fêtes organisées par Weeks Hall dans les années 1930. La maison donne aujourd'hui un parfait exemple architectural de l'adaptation des propriétaires anglo-américains avant la guerre civile aux conditions climatiques subtropicales de la Louisiane.

Jefferson Island

Jefferson Island, tout comme Avery Island, est l'un des cinq dômes de sel de Louisiane. On peut y visiter les jardins de Rip Van Winkle.

RIP VAN WINKLE GARDENS
5505 Rip Van Winkle Road
✆ +1 337 359 8525
www.ripvanwinklegardens.com
rvwgdns@yahoo.com
1Elle est meublée dans le style Empire. De magnifiques jardins côtoient le lac Peigneur, et tulipes, hibiscus, jonquilles, impatiences, camélias, azalées et roses le fleurissent abondamment, encadrés par les chênes centenaires. A l'intérieur, une vidéo vous présente l'historique de l'île, avec entre autres événements la catastrophe de 1980, lorsqu'un forage opéré dans le lac Peigneur provoqua le percement du sommet du dôme de sel et causa l'inondation de la mine de sel et des jardins.

© STÉPHANE SAVIGNARD

Extérieur de Shadows-on-the-Teche.

© STÉPHANE SAVIGNARD

À l'intérieur de Shadows-on-the-Teche.

La reproduction de la Grotte de Lourdes attirent son lot de fidèles..

Avery Island ★★

Avery Island est un petit mont de sel dans la paroisse d'Iberia. Une famille de Natifs américains s'y installe dans les années 1830 et découvre que la flore si verdoyante recouvrait une mine naturelle de sel. Même si on continue à extraire le sel, Avery Island est restée un paradis naturel pour la faune et la flore et l'endroit où l'on produit le fameux Tabasco.

JUNGLE GARDENS

Highway 329
✆ +1 337 369 6243
junglegardens.org

Avery Island est entourée de plans d'eau et de marais, mais cette « île » est en réalité le sommet d'un immense dôme de sel enfoui très profondément dans le sol. C'est ici que l'on a découvert le premier gisement de sel de roche du continent, en 1862. 130 dômes de sel vieux de 180 millions d'années s'alignent ainsi le long de la côte louisianaise. Ils se sont formés par les accumulations charbonneuses du golfe, sous l'effet de la chaleur du soleil et de la salinité de l'eau. Ne ratez pas ce superbe parc à la végétation tropicale luxuriante car, outre les arbres, les camélias, les iris, les lotus, les orchidées, les chrysanthèmes, les azalées, les bambous géants (64 variétés !), les bananiers, les papayers, les pamplemoussiers roses et les orangers, vous y verrez de nombreux animaux des marécages et des collines environnants : tortues, ratons-laveurs, alligators, également cerfs et ours bruns si vous avez de la chance, et surtout des milliers d'oiseaux protégés ; échassiers et aigrettes blanches se rassemblent dans un sanctuaire, surnommé Bird City. Aujourd'hui, plus de 2 000 aigrettes et autres échassiers y construisent leurs nids chaque année, sur une structure de bambous conçue spécialement pour eux, sorte de jetée perchée au-dessus de l'eau. N'oubliez pas vos jumelles, vous apercevrez les petits dans les nids et, à trois mètres en dessous, fendant les lentilles d'eau, de temps en temps de gros yeux inquiétants…

TABASCO FACTORY

Highway 329
✆ +1 337 373 6129
www.tabasco.com

Il était temps de donner un coup de neuf à ce site qui n'avait pas bougé depuis 1868 ! Non pas que les fûts soient les mêmes depuis cette époque, mais l'usine à Tabasco se modernise pour proposer une visite, certes payante désormais, mais bien plus captivante que la version 10 minutes de vidéo et 20 minutes de marche derrière une vitre. Plus interactif, le tour propose de voir la pousse des piments en serre après un passage par le musée qui collectionne de nombreux objets et outils relatifs aux premiers temps de l'entreprise légendaire de MacIlhenny, comme une ribambelle de produits dérivées plus ou moins anciens. Ensuite, on pourra voir les cuves où le vinaigre rencontre la purée de piments et les fameux fûts où la mixture de feu patiente trois années avant de finir en bouteilles. Le restaurant aussi a fait peau neuve. Installé dans une maison de type créole, on pourra goûter à l'étouffée d'écrevisse, au *gumbo*, au boudin, etc., le tout nécessairement relevé au Tabasco. Enfin, on pourra passer par la boutique pour raviver les papilles avec le Coca, la glace, les confitures au Tabasco ou bien tester les nouveautés : Tabasco à l'ail, aux piments jalapeño ou chipotle, le sucrépicé ou le habanero (pas recommandé pour les débutants !).

Cypremort Point State Park

Vous n'aurez pas souvent l'occasion d'aller à la plage durant votre voyage en Louisiane. Le parc de Cypremort est l'une des rares opportunités que vous pouvez saisir.

© STÉPHANE SAVIGNARD

Usine de tabasco, Avery Island.

Jeanerette ★★

Jeanerette a été fondée au début du XIXe siècle et s'est développée grâce aux scieries et au commerce de la canne à sucre. Aujourd'hui encore, la culture du sucre est le revenu principal de cette petite ville.

Franklin ★★

Située dans une courbe du bayou Teche sur la vieille piste espagnole (Old Spanish Trail), Franklin, fondé en 1808, s'est développé avec la production de sucre de canne et de sel.

D'abord appelé la colonie Carlin du nom du planteur de canne à sucre qui se fixa le premier à cet endroit, elle fut ensuite nommée Franklin. Le nom de cette petite ville de 10 000 habitants aurait deux origines possibles : l'une liée à Benjamin Franklin (1706-1790), l'un des initiateurs de l'indépendance des colonies anglaises, une autre liée aux colons de Franklin, ville du Tennessee. La ville fut en tout cas fondée par Guinea Lewis, originaire de Pennsylvanie et arrivé en Louisiane en 1800.

Elle se développa ensuite avec l'arrivée de colons français, acadiens, anglais, puis avec l'arrivée dès 1835 des premiers bateaux à aubes qui venaient s'y ravitailler.

Comme beaucoup d'autres endroits, Franklin souffrit de l'occupation des Nordistes pendant la guerre civile, et de nombreuses plantations furent détruites. Elle a cependant conservé quelques belles demeures historiques de style Renaissance grecque, ainsi que des maisons construites au moment de l'arrivée du chemin de fer, aujourd'hui propriétés privées, que l'on peut visiter sur rendez-vous.

De nos jours, la ville est devenue un centre industriel pour l'exploitation du gaz, du pétrole, du charbon noir, de la culture de la canne à sucre et de la pêche. À l'exception de ses plantations, Franklin n'a pas d'intérêt. Si vous tenez vraiment à passer en ville, promenez-vous dans la rue principale (Main Street/Highway 182) sous son arcade de chênes, le long du bayou Teche, et imaginez la vie des planteurs au rythme des bateaux à vapeur…

ARLINGTON PLANTATION

56 Main Street (à un mile à l'est de Franklin)
✆ +1 318 828 2644

Cette maison fut construite sur les bords du Bayou Tèche en 1834 par Euphrazie Carlin, dans le style Renaissance grecque, en bois de cyprès. Elle fut heureusement épargnée pendant la guerre de Sécession. La façade est élégante, avec ses quatre fines colonnes blanches surmontées d'un chapiteau corinthien et son balcon orné en fer forgé. Des peintures de Remington et de Salvador Dali la décorent. Remarquez les chandeliers en cristal et en bronze. La demeure fut restaurée et remeublée en 1965 par le sénateur Carl Bauer, qui fit également redessiner les jardins de magnolias.

CHITIMACHA MUSEUM

3289 Chitimacha Trail
A Charenton
✆ +1 337 923 4830
www.chitimacha.gov

Musée d'art indien des premiers habitants de la région, très connus pour le tressage des paniers colorés en noir, jaune et rouge. Après avoir bataillé avec les Français, les Indiens signent la paix en 1718. A l'arrivée des Acadiens en 1762, la tribu s'assimile à cette nouvelle population et parle même le français cajun. Mais les maladies importées d'Europe déciment le peuple indien, et le gouvernement leur prête peu d'attention en 1803 au moment du Louisiana Purchase. Après un très long combat pour leur reconnaissance sociale et politique, la tribu fut reconnue officiellement en 1919 et obtint l'accès à l'éducation en 1930… Aujourd'hui les Chitimachas sont représentés dans de nombreux corps de métiers.

GREVEMBERG HOUSE MUSEUM

Dans City Park
407 Sterling Road
✆ +1 337 828 2092
www.grevemberghouse.com
info@grevemberghouse.com

Cette maison de style Renaissance grecque abrite le St Mary Parish Museum. Elle fut construite en 1850 par Henry Wilson, homme de loi, qui la céda en 1857 à la veuve Frances Wikoff Grevemberg. Elle y vécut jusqu'à sa mort en 1871, avec son second mari Gabriel. En 1880, le sénateur Donelson Caffery rachète la maison. Enfin, en 1948, après différentes successions, la maison entre dans la propriété de la ville de Franklin et sa restauration est entamée. Quatre colonnes blanches corinthiennes, les Tours du vent, soutiennent une maison meublée d'antiquités des années 1830-1870, décorée de ses papiers peints d'origine rénovés et d'objets d'arts collectionnés dans la paroisse, d'après l'étude de l'inventaire de Gabriel Grevemberg en 1857 et celui de Frances Wikoff en 1871.

OAKLAWN MANOR PLANTATION

3296 E. Oaklawn Drive
✆ +1 337 828 0434
www.oaklawnmanor.com
C'est la plantation la plus intéressante du coin. Construite en 1837 par Alexander Porter, un Irlandais qui a participé à la fondation de l'Etat de Louisiane. Après être passée aux mains de plusieurs propriétaires, cette plantation de canne à sucre tomba en ruine. A la fin du siècle dernier, Clyde Arthur Barbour, qui s'était enrichi dans l'industrie pétrolière, commença à restaurer cette demeure dont il était tombé amoureux.

Mais un incendie détruisit son œuvre et il dut renouveler son effort pour la restaurer et la remeubler au fur et à mesure de ses voyages en Europe. La maison contient une belle collection d'objets d'art et de mobilier européen, ainsi que des peintures et des gravures originales d'Audubon. Dans le jardin de chênes et de cèdres qui descend jusqu'au bayou Teche, vous pouvez encore voir l'ancienne laiterie où l'on stockait lait et beurre, le puits de briques faites à la main par les esclaves, et une très belle volière construite par les studios de la Warner pour le tournage de *Drowning Pool* avec Paul Newman et Joann Woodward.

On vous racontera sans doute que Henry Clay séjourna dans la plantation quelque temps et que le film *La Toile d'araignée*, de Stuart Rosenberg avec Paul Newman, fut également tourné à Oaklawn Manor.

Morgan City

Cette ville de 15 000 habitants fut baptisée Morgan City, du nom d'un financier nordiste à l'origine de sa prospérité après la guerre civile, Charles Morgan. Il en fit en effet le terminus de la ligne de chemin de fer, la New Orleans and Great Western Railroad. Morgan City se situe au confluent de l'Atchafalaya, du Teche et de l'Intracoastal Waterway et a par conséquent développé une importante industrie de la pêche sur le lac Palourde, les marécages et les bayous environnants. Les piliers des plateformes pétrolières couverts de végétation sous-marine attirent de nombreux poissons : rougets, tarpons, mérous, que les pêcheurs viennent chercher en haute mer. Dès septembre, on chasse aussi canards, poules d'eau et pigeons, en hiver on traque lapins et chevreuils. Peu de points d'intérêt dans cette ville industrielle qui vit de l'exploitation du pétrole offshore et de la pêche, visitez surtout les environs. En vous renseignant à l'office de tourisme de Patterson, vous pouvez visiter des élevages de crustacés ou des fermes à écrevisses.

BROWNEL MEMORIAL PARK & CARILLON TOWER

Au bord de Lake Palourde, par la LA 70
Dans Lake End Park
✆ +1 985 384 2283
Une tour de 30 m renferme 61 cloches de bronze de Hollande, qui sonnent deux charmantes mélodies toutes les demi-heures.

INTERNATIONAL PETROLEUM MUSEUM

111 First Street
✆ +1 504 384 3744
www.rigmuseum.com
Morgan City fut le centre de la ruée vers l'or noir (Black Gold Rush) et développa une importante industrie pétrolière. C'est l'unique occasion de visiter une

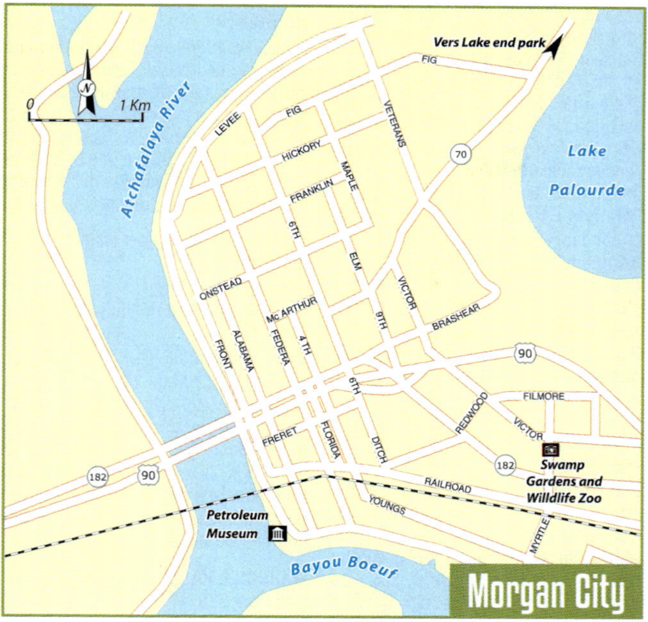

plate-forme pétrolière toujours en activité (une soixantaine d'ouvriers y travaillent), baptisée « Mr Charlie ». Construite en 1952, c'est l'ancêtre des plates-formes de forage en haute mer ; elle fait 75 m de long sur 30 m de large. Elle est située sur l'Atchafalaya, à son intersection avec le Intercoastal Waterway.

Schriever

Schriever se trouve à moins de 10 miles au nord-ouest de Houma *via* la pittoresque route Little Bayou Black Drive (La-311). Ardoyne Plantation sera peut-être son seul point d'intérêt mais le fait qu'elle soit unique vaut le détour.

■ ARDOYNE PLANTATION

2678 Highway 311
✆ +1 985 804 2271
www.ardoyneplantation.com
ArdoynePlantation@aol.com
Plusieurs raisons de faire un crochet par la plantation de sucre de canne Ardoyne. D'abord, c'est l'une des très rares à être restée dans la famille : le sénateur John Dalton Shaffer la fit construire en 1894 et aujourd'hui Susan et Lee Shaffer y habitent.

Ensuite, Ardoyne a su demeurer intacte, tant dans sa structure que dans son mobilier. Au fil de la visite de ses vingt et une pièces, on découvre ces œuvres d'art que sont les poupées de bois sculptées avec talent par Mémé Shaffer dans les « genoux de cyprès » (protubérances racinaires du cyprès chauve qui émergent à fleur d'eau dans le bayou). Margaret « Mémé » Shaffer était aussi plutôt douée avec une aiguille entre les doigts : la quasi-totalité des édredons, draperies, etc. ont été cousus et brodés par ses soins avec un niveau de détails stupéfiant.
Pour sûr, Susan Shaffer ne manquera pas de parler des tapisseries du hall imprimées manuellement ou de l'escalier peint lui aussi à la main (un bon moyen d'économiser sur l'entretien d'une moquette).
Enfin, c'est l'architecture d'Ardoyne qui en fait une pièce unique en son genre. Considérée comme l'exemplaire le plus abouti du style « victorien gothique rural », la plantation peut, sous un certain angle, prendre des airs de chalet suisse ou de clocher bavarois, avec ses pans de toits exagérément pentus, ses tuiles plates et grises et ses fenêtres oblongues. Construite entièrement en bois, tous les cyprès et pins utilisés proviennent de l'idyllique parc alentour où trônent encore de séculaires chênes.
C'est cette odeur de bois qui restera en mémoire une fois le seuil de la porte à vitraux franchie. À voir également, la collection de trois cents petites cuillères ramenées des différents pays visités par les Shaffer ou encore les jetons de paie des « travailleurs » qu'ils pouvaient utiliser dans une seule épicerie, celle d'Ardoyne.

Thibodeaux

Fondée en 1820 sur le bayou Lafourche, cette ville de 15 000 habitants, située dans un paysage de marais et de plantations de canne à sucre, vaut un petit détour pour partir à la découverte du pays cajun. On y trouve une université, Nicholls State University, et l'héritage français y est très présent.

■ EDWARD DOUGLAS WHITE HISTORIC SITE

2295 St Mary Street
A 8 miles au nord de Thibodaux par la LA-1
✆ +1 985 447 0915
lsm@crt.state.la.us
Ce cottage créole de 1790 construit en cyprès peint est très élégant. Il abrite un musée dédié à Edward Douglas White II (1845-1922), premier président de la Cour suprême des Etats-Unis, gouverneur de Louisiane et représentant de l'Etat au Congrès.

■ LAUREL VALLEY VILLAGE

595 Hwy 308
✆ +1 985 446 7456 / +1 985 447 5216
Environ 6 miles au sud-est de Thibodaux, au bout d'une route traversant les champs de canne.
Dans les années 1770, le gouvernement espagnol de Louisiane octroie 214 hectares de terre à Etienne Boudreaux, colon acadien. A la fin du XIXe siècle, la maison appartient à la famille de J. Wilson Lepine, qui installe un système de rails et de wagons à mulets reliant les plantations sur 24 km ! Cette ancienne plantation possède encore plusieurs machines agricoles et bâtiments extérieurs : les restes d'un énorme moulin à sucre et une grue à

charger le sucre, une école, une pension de famille qui accueillait les ouvriers pendant la roulaison (saison des récoltes en automne), un magasin à provisions (*general store*), une ferme, une grange renfermant les anciens wagons, une forge, des maisons d'ouvriers. L'endroit est tenu par de sympathiques bénévoles qui vous racontent l'histoire des lieux. On peut ensuite prendre sa voiture pour rouler au milieu du champ, jusqu'aux anciennes cabanes d'esclaves. La maison principale ne se visite pas, en revanche le tour est intéressant car on peut ainsi se faire une idée des alentours de la maison de maître. Une séquence du film *Ray*, biopic de Ray Charles, a été tournée ici ainsi qu'une partie d'*Entretien avec un vampire.*

■ WETLANDS ACADIAN CULTURAL CENTER

Jean Lafitte National Historical Park and Preserve
314 Saint Mary Street
✆ +1 985 448 1375 /
+1 504 448 1425
Au bord du bayou Lafourche.

Ce centre culturel des Wetlands vous raconte l'aventure des Acadiens qui s'établirent dans les marais et bayous de la Louisiane du sud-est. Après le Grand Dérangement, certains Acadiens exilés s'installent dans la campagne à l'ouest de La Nouvelle-Orléans. Au début du XIXe siècle, ils sont environ 3 500 en Louisiane. Ils s'adaptent aux conditions naturelles que leur impose cette région et développent une activité fondée sur la pêche et la chasse. Ce centre très spacieux vous explique de façon intelligente et agréable leurs origines, leur installation dans la région marécageuse des Wetlands et leur culture : histoire, langue, religion, musique, pêche, cuisine, vie quotidienne. Dans une grande salle, réservée à l'artisanat local, on vous montre comment on construit un bateau ou comment on fabrique un filet de pêche.

Houma ★★

Houma est surnommée la Venise de l'Amérique car sept bayous convergent vers le centre-ville. On y a construit 55 ponts pour faciliter la vie de ses 34 000 habitants. Les visites guidées et les bars cajuns sont légion. Vous êtes en pays cajun et vous croiserez de nombreux locaux parlant français.

■ BAYOU TERREBONNE WATERLIFE MUSEUM

7910 West Park Avenue
✆ +1 985 580 7200

Parce que la Louisiane est une affaire d'eau, il fallait un musée où l'on saisira en un éclair la différence entre un bayou, un marais et un marécage. Le Bayou Terrebonne Waterlife Museum n'est pas forcément une étape obligatoire à Houma, mais encore une fois il est toujours appréciable de comprendre l'environnement dans lequel on évolue : le gigantesque vivier que constituent ces zones où eau douce et salée se rencontrent, l'industrie de la pêche et l'immigration vietnamienne, la complexité des transports maritimes et intercostaux... Chaque mardi soir, un groupe de musique cajun joue et attire les francophones du coin dans le hall pour un dollar.

■ REGIONAL MILITARY MUSEUM

1154 Barrow Street
✆ +1 985 873 8200
regional.daginnovation.com
rmmuseum@gmail.com

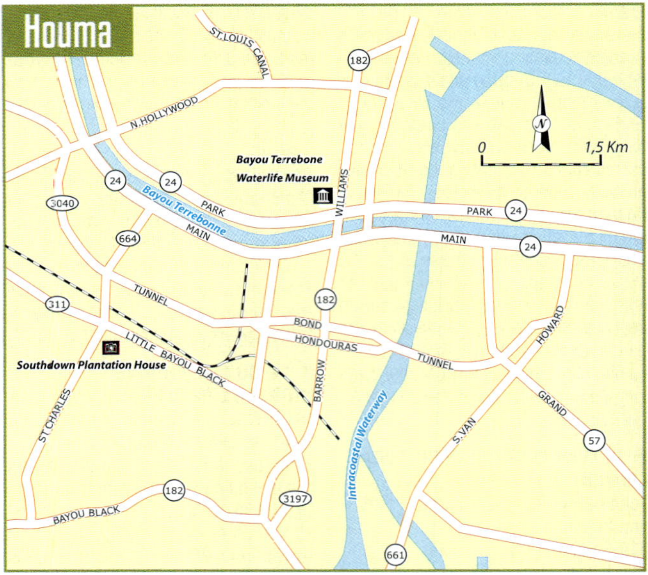

Quelques reconstitutions, mais beaucoup de pièces originales dans ce musée un peu retranché. Si vous tombez sur Dexter pour la visite de ce musée militaire, vous ne serez pas déçu ! Accrochez-vous à son accent et suivez ce bonhomme on ne peut plus enthousiaste à l'idée de raconter la drôle d'étymologie du mot « jerricane », de vanter la puissance de frappe pour l'époque de tel canon, la maniabilité du célèbre bombardier-torpilleur *TBM Avenger*. Il sera également intarrissable d'éloges sur la très rare jeep en aluminium d'à peine 250 kilos (et qui roule encore, notamment pour Mardi Gras). Enfin, ne manquez pas de jeter un œil à l'étroitesse du cockpit du tout premier *Air Force One*, celui d'Eisenhower. Oui, c'est bien l'original qui se trouve dans ce hangar ! Uniformes, modèles et propagandes complètent la visite.

Cocodrie

«Da Bottom Of Da Boot...» La botte, c'est la Louisiane, sa silhouette sur une carte géographique. *«The (Da) Bottom»*, c'est « le bas » de cette botte, le bout du bout. C'est Cocodrie. Un lieu sauvage, authentique, entre terre et mer, où la vie est un combat quotidien contre l'érosion de la côte, pour la sauvegarde du parler acadien. *Cocodrie* veut dire crocodile dans ce vieux français, mais il y a belle

lurette que les alligators ont fui le coin : l'eau salée qui s'invite dans les marais au fil des tempêtes et de l'ouverture de chenaux ne leur a pas plu du tout. C'est cette même salinité qui donne parfois ses airs fantomatiques à certains paysages du Sud louisianais avec de massifs cyprès complètement déplumés auxquels se balancent des brassées de mousse espagnole. Cocodrie, c'est une excursion loin de la grand-ville, une aventure d'une journée où l'on mangera du bon poisson, on papotera avec des pêcheurs, on prendra de la hauteur depuis la tour d'observation du LumCon et on finira avec un rafraîchissant cocktail au bout du bout du bout…

LUMCON
8124 Highway 56
✆ +1 985 851 2800 /
+1 985 51 2842 – www.lumcon.edu
information@lumcon.edu
LumCon, pour Louisiana Universities Marine Consortium. C'est ici que vous apprendrez tout sur le golfe et les marais, le mode de vie et le régime de leurs habitants, pourquoi certains crabes sont bleus et à quoi ressemble une vertèbre de baleine. Certes LumCon est un centre de recherche : c'est une institution scientifique très respectée dans ses recherches sur l'érosion du littoral comme dans les effets sur l'écosystème à moyen et long termes de la marée noire de BP en 2010. Mais le centre se veut aussi éducatif avec neuf aquariums où évoluent quelques spécimens des bas fonds du golfe du Mexique et de l'estuaire de Barataria-Terrebonne, des marais à arpenter tout autour du site, une (possible) visite du *Pelican*, vaisseau de recherche qui ferait rougir le commandant Cousteau et bien sûr la tour d'observation (72 marches sans ascenseur, vous serez prévenus !) qui permet d'obtenir un des meilleurs panoramas de la région surtout en fin de journée, au soleil déclinant. On recommande vivement car apprécier, c'est avant tout savoir.

LE NORD DU PAYS CAJOUN

Le nord-ouest de Lafayette est placé sous le signe de la musique cajun. Dans le plus petit village qui soit vous trouverez un bar qui accueille un concert ou une session jam accompagnée au fiddle cajun. Rendez-vous à Mamou, Eunice, Opelousas ou Arnaudville pour swinguer sur du two-steps ou du zydeco, autour d'une bière brassée sur la La-31.

Carencro

Carencro est une banlieue de Lafayette où de nombreuses familles françaises se sont installées à la fin du XIXe siècle. On peut toujours y trouver des descendants de ces familles et beaucoup parlent cajun.

Arnaudville

À la croisée des I-10 et 49, tout proche de Lafayette, cette ville fondée par un Provençal, Jacques Arnaud, est une des plus anciennes de Louisiane et aussi des plus francophones. En plein cœur du pays cajun, baignée par les bayous Fuselier et Teche, c'est un bon point de départ pour un *swamptour*. En avril, l'étouffée d'écrevisses y tient son festival et la ville est envahie d'artistes de tous les horizons en décembre.

Opelousas ★

Opelousas est, avec une population de 23 000 habitants, la troisième plus grande ville de la région francophone de l'Acadiane. C'est une des plus anciennes villes où les premiers Français de Louisiane se sont installés (1720), après Natchitoches (1714) et La Nouvelle-Orléans (1718). Après l'achat de la Louisiane en 1803, elle fut nommée en 1805 siège de la paroisse impériale de Saint Landry. Sa grande fierté est d'avoir été, pendant la guerre de Sécession, la capitale de l'Etat.

■ VIEUX VILLAGE

828 East Landry Street
✆ +1 337 948 6263
www.cityofopelousas.com

Pour avoir un aperçu de l'histoire de la Louisiane depuis sa découverte par les Français jusqu'à nos jours, il faut aller visiter le Vieux Village. Sept bâtiments historiques ont été rassemblés pour reconstituer un village d'autrefois et retracer la vie du passé. Le bureau du docteur Laffleur a été construit en 1890 ; il s'agit d'une donation des descendants déplacée en 1991 de Prairie Ronde. Le centre d'information est une maison construite en 1970 comme une maison cajun typique du XIXe siècle. L'Union Pacific Freight Depot est une donation de l'Union Pacific Railroad, ancienne gare de Court Street avec sa belle locomotive de 1911, Mary Jane Train Engine, à chaudière à bois. Elle servait au transport de marchandises et allait à 25 miles à l'heure. La maison Venus fut construite dans la seconde moitié du XVIIIe siècle, c'est le plus vieux bâtiment du village. Elle est d'architecture créole et a été amenée de Grand Prairie. L'école Witeville date de 1911, elle a été donnée et amenée de Witeville au nord de la paroisse de Saint Landry. Le magasin Emar Andrepont date de 1880 et provient de Prairie Ronde en Louisiane ; ce fut un magasin pendant plus de cent ans. Enfin, la 19th Century Outhouse est une sorte de cabane de jardin de 1890.

Ville Platte

Ville Platte a été fondée au début du XIXe siècle par Marcellin Garand, un adjudant de l'armée de Napoléon. Il y contruisit une épicerie et une taverne où s'arrêtaient les voyageurs à destination d'Opelousas et Alexandria. Il installa ensuite une poste qui servait également de commerce pour les quelques agriculteurs des environs. Ville Platte a vu sa population augmenter à la fin des années 1930 quand on trouva du pétrole au nord de la ville. La création de Chicot State Park, le plus grand parc naturel en Louisiane, est maintenant la principale attraction. La ville en elle-même ne présente pas d'intérêt et manque cruellement de charme.

Mamou

Mamou est situé au cœur du pays cajun. La ville est connue comme étant la capitale de la musique cajun. De nombreuses chansons parlent de Mamou et de ses habitants. Il faut absolument vous y arrêter si Steve Riley and the Mamaou Playboys jouent au Fred's Lounge. Ce bar-salle de concert, ainsi que les restaurants du village, sont tous situés sur la rue principale, 6th Street.

Eunice ★★

La ville d'Eunice est née du rêve d'un homme, il y a environ cent ans. Lors d'une vente aux enchères, C. C. Duson, shérif de la paroisse, acheta 160 acres

(65 hectares) de terrain autour de la voie de chemin de fer à qui il donna le nom de sa femme, Eunice Pharr Duson. Il divisa le terrain, établit un boulevard en son centre et traça des rues. Le 12 septembre 1894, Eunice devenait un village et un an après une ville. Les principaux restaurants et attractions se trouvent sur 2nd Street et Park Avenue. Eunice est une excellente destination si vous voulez écouter de la musique cajun, surtout le week-end.

CAJUN MUSIC HALL OF FAME & MUSEUM

240 South CC Duson St
✆ +1 337 367 1526
www.cajunfrenchmusic.org
Ce musée a été construit pour honorer tous ceux qui ont contribué au développement de la culture musicale cajun. Le musée présente une variété d'instruments cajuns, ainsi que des enregistrements et de vieux albums. Chaque année, lors d'une cérémonie, est annoncé le musicien cajun de l'année qui a permis le développement de cette musique et a peut-être des chances de se faire un grand nom.

LIBERTY THEATER

200 West Park Avenue
Au coin de South Second
✆ +1 337 457 7389
www.eunice-la.com
Inscrit au Registre national des monuments historiques, le bâtiment de 1920 accueillit d'abord un cinéma où l'on projetait des films muets genre vaudeville. Il fut rouvert en 1924 et agrandi pour devenir le New Liberty Center. C'est maintenant le rendez-vous du samedi des Cajuns. Une salle tout en parquet de 530 places où se produisent chaque samedi des groupes de musique traditionnelle ou plus moderne comme le zydeco, retransmis en direct à la télévision et à la radio, d'où son nom : Radio TV Show. Un régal, ça chauffe, ça danse, folle ambiance !

EUNICE DEPOT MUSEUM

220 South C.C. Duson st
✆ +1 337 457 6540
www.eunice-la.com
Le musée est installé depuis 1984 dans le vieux dépôt de la gare de marchandises datant de 1893-1894, classé au Registre national des monuments historiques. Dans ce musée, vous verrez des expositions sur la musique cajun, l'histoire du rail, l'histoire de la presse, la vie des Indiens, le Mardi Gras cajun, et les premiers fermiers.

PRAIRIE ACADIAN CULTURAL CENTER

Jean Lafitte National Historical Park and Preserve
250 West Park Avenue
✆ +1 337 2457 8499
Le centre culturel s'est construit juste derrière le célèbre Liberty Theater en 1985. Vous pouvez demander à l'hôtesse d'accueil qui parle français une vidéo sur l'histoire des Acadiens en version française. Elle est un peu mélodramatique mais fort intéressante. Vous y trouverez aussi exposés des instruments de musique cajun que vous pouvez vous-même essayer, notamment le grattoir, plaque de métal cranté que l'on attache autour du cou et que l'on gratte en rythme avec des cuillères, différents objets et costumes de la vie quotidienne des Cajuns aux XVIIe et XIXe siècles ainsi que différents outils agricoles. Une grande carte explique très bien les différentes périodes de l'exode acadien qui s'étale sur plus de soixante ans.

Rivière Atchafalaya.

L'OUEST DU PAYS CAJUN

Vermilion Parish. La paroisse de Vermilion se situe au centre de la Louisiane, au sud-ouest de Lafayette, en bordure du golfe du Mexique. C'est l'une des plus importantes paroisses de l'État et un véritable carrefour culturel. À l'origine, le siège de la paroisse était situé à Perry, alors appelé Perry's Bridge. Mais en 1854 les autorités le transfèrent à Abbeville. Les autres villes et villages de la paroisse sont Delcambre, Erath, Gueydan, Kaplan et Maurice.
Baptisée « l'endroit le plus cajun de la Terre » (*the most cajun place on earth*) par les Louisianais, la paroisse de Vermilion est traversée par la Jean Lafitte Scenic Byway, route touristique à partir de laquelle vous pourrez vous familiariser avec l'histoire, la culture, l'agriculture, la nature du pays cajun ou Acadiana.

Dans l'ouest, à la frontière texane, après les rizières et leurs millions d'hôtes rougeoyants à petites pinces, on rencontre Lake Charles, son cossu centre-ville et ses casinos, et surtout le Creole Nature Trail All-American Road, un sentier de plusieurs centaines de miles à travers les marais sauvages jusqu'au golfe du Mexique. À voir absolument.

Abbeville ★★

Abbeville se situe sur la La-167 et la La-14 (qui est LA route à prendre pour traverser véritablement le pays cajun), à 20 minutes au sud de Lafayette, au cœur du pays cajun. Abbeville, qui fut fondée en 1844 par le père Mégret, est le chef-lieu de la paroisse de Vermilion, qui serait nommée ainsi en raison de la couleur du bayou qui la traverse, le bayou Vermilion. Quant à Abbeville, elle tiendrait son nom soit de la ville française d'origine du père Mégret, soit du fait que c'est un abbé qui fonda la paroisse... La région est truffée de forêts, de bayous, de marais où l'on pêche de nombreux poissons et écrevisses, et dans ses champs on cultive le soja, le riz et la canne à sucre. La fourrure est un véritable filon ici, les trappeurs débusquent loutres, visons et rats musqués. L'industrie pétrolière y est également très présente. Mais surtout, on élève le bétail dans la paroisse de Vermilion, et son cheptel est le plus important de Louisiane. Les cow-boys continuent à conduire les bêtes dans les pâturages et à dresser les chevaux, aujourd'hui plus pour le plaisir de perpétuer la tradition que par nécessité. Vous serez surpris en arrivant dans cette charmante petite ville très pittoresque par les couleurs pastel des bâtiments historiques de South Concord Street construits dans les années 1920, rénovés et repeints avec fantaisie, comme cette banque à l'architecture si particulière, petit castelet qui semble issu d'un dessin animé... Ici, la ville s'organise autour d'un vrai centre-ville « à la française », dont le cœur est le Magdalen Square, joli petit square de chênes et de magnolias, avec un kiosque à musique où se joue une fois par mois le Mainstreet Program, et avec la statue du père Maigret, fondateur de la paroisse. À Noël et le jour de l'an, le square est illuminé et on y présente des spectacles. En face du square, l'église St. Mary Magdalen. Abbeville est peut-être la ville la plus française de Louisiane !

THE BANK OF ABBEVILLE

A l'angle de Concorde Street et de Jefferson Street
www.bankofabbeville.com
Construite en 1904 par George Honold, qui a également dessiné l'église, c'est la principale pièce architecturale de la ville, avec ses tours jumelles tout droit sorties d'un livre pour enfants !

SAINT MARY MAGDALEN CHURCH

300 Père Mégret Street
✆ +1 337 893 0244
www.stmarymagdalenparish.org
Le culte fut édifié en 1911 par le père Laforest. Les églises antérieures ayant été la proie d'ouragans et d'incendies, une nouvelle église fut construite dans le style Renaissance romane. Rien d'exceptionnel si ce n'est la hauteur de son clocher. Remarquez plus particulièrement les vitraux (*stained glass*), donation des familles de la paroisse et qui représentent saint Louis, Jeanne d'Arc... Derrière l'église, le Old Catholic Cemetery date de 1843. Sa plus ancienne tombe, celle de Eufemie Broussard, grande famille de la paroisse, date de 1852. Le père Antoine Désiré Mégret y repose également. La plupart des pierres tombales sont gravées en français.

VERMILION PARISH COURTHOUSE

Entre Tivole Street et Peace Street
La cour de justice fut construite par le célèbre architecte A. Hays Town dans le style Renaissance grecque en 1953, le bâtiment antérieur ayant brûlé. C'est le siège administratif de la paroisse de Vermilion, il abrite des bureaux fédéraux et d'Etat.

Erath

Erath est une petite ville de 2 000 habitants dans les environs d'Abbeville. Elle accueille notamment l'Acadian Museum.

ACADIAN HERITAGE & CULTURE MUSEUM

203 South Broadway
✆ +1 337 233 5832
www.acadianmuseum.com
info@acadianmuseum.com
Le musée vous présente des expositions sur l'industrie et l'agriculture de l'Acadie. Il est situé dans l'un des plus anciens bâtiments des environs, la Old Bank of Erath, classé bâtiment historique. Les Acadiens sont très militants pour défendre leur identité et la reconnaissance de leur culture.

Delcambre

A partir de Abbeville, prendre la 14 vers l'est. Fondée au XIXe siècle et aujourd'hui baptisée « capitale mondiale de la crevette » ! Petit port de pêche de poissons, crevettes (« chevrette » en pays cajun) et de crabes, à l'ambiance familiale. Delcambre est le port d'attache d'une grande partie de la flotte de pêche louisianaise, et celle-ci est impressionnante, allez la voir !

Lake Charles ★★

Avant de prendre son nom définitif en 1867, la ville fut baptisée plusieurs fois, d'abord nommée Charlie's Lake puis Charleston en hommage à Charles Sallier, originaire de Savoie, qui s'était établi sur le lac. Avec l'arrivée du chemin de fer, la Southern Pacific Railroad, qui assurait la liaison entre New Orleans et Houston et avec la découverte de gisements de soufre à Sulphur, Lake Charles se développa rapidement. Aujourd'hui, la région de Calcasieu, dont Lake Charles est le chef-lieu, est fortement industrialisée autour de l'exploitation du pétrole et du gaz naturel. L'arrivée dans la ville est assez hallucinante, et le paysage urbain de nuit est carrément irréel, toutes les raffineries et usines sont éclairées, des centaines de cheminées propulsent des fumées inquiétantes et des ponts gigantesques traversent le lac… La ville est néanmoins plutôt bien intégrée dans une région truffée de lacs, de bayous et de marais, qui est intéressante à visiter et qui a su garder sa tradition. De nombreux festivals ont lieu tout au long de l'année.

■ HISTORIC CITY HALL

1001 Ryan St
✆ +1 337 491 9147
artsandculture@cityoflc.us
Le bâtiment originel fut détruit en 1910, dans le grand incendie qui ravagea Lake Charles. Celui que l'on peut visiter date de 1911.
Depuis 2004, cet ancien hôtel de ville accueille des expositions temporaires, mettant en lumière des artistes locaux et internationaux. Le samedi, devant le bâtiment un marché fermier se tient de 8h à 12h. En face, on peut voir l'Historic Calcasieu Courthouse, également rénovée.

■ MARDI GRAS MUSEUM OF IMPERIAL CALCASIEU

809 Kirby St
Dans la Central School of Arts and Humanities Center
✆ +1 337 430 0043
www.swlamardigras.com
Ce musée, qui rassemble plus de 200 costumes, est l'un des plus gros de Louisiane. Il vaut le coup d'être visité si vous parvenez à obtenir un tour guidé avec l'une des personnes présentes sur place ou si vous êtes suffisamment équipés pour télécharger l'application exprès.
On vous expliquera les règles de Mardi Gras, son histoire, l'importance que revêt cet événement à Lake Charles, les différents *krewes*, le fonctionnement de chacun, et vous pourrez voir un grand nombre de costumes tous plus brillants et extravagants les uns que les autres.

Cameron

Robert Alexandre Cameron, héros de l'armée sudiste et homme politique, a donné son nom à ce port de pêche du golfe du Mexique où habitent pêcheurs, trappeurs et observateurs de la nature. Vous trouverez certainement à Cameron de curieux tertres, les pimple mounds (monticules en forme de bouton). Il s'agit en fait de monticules formés d'alluvions et recouverts de végétation, ce qui les a protégés de l'érosion. Les gemmies, rongeurs de la famille du rat, ont élu domicile dans ces tertres. C'est ici qu'aboutit le Creole Nature Trail. À 12 miles à l'est s'étend Rutherford Beach et dans le prolongement, Grand Chenier, autre petite localité de pêcheurs.

Sulphur

Sulphur fait partie de la banlieue de Lake Charles. Cette bourgade de 20 000 âmes n'a pas de passé sulfureux mais un musée du soufre. Elle héberge surtout le Creole Nature Trail Adventure Point, point de départ pour la journée d'excursions à travers les marais.

L'ouest du pays Cajun

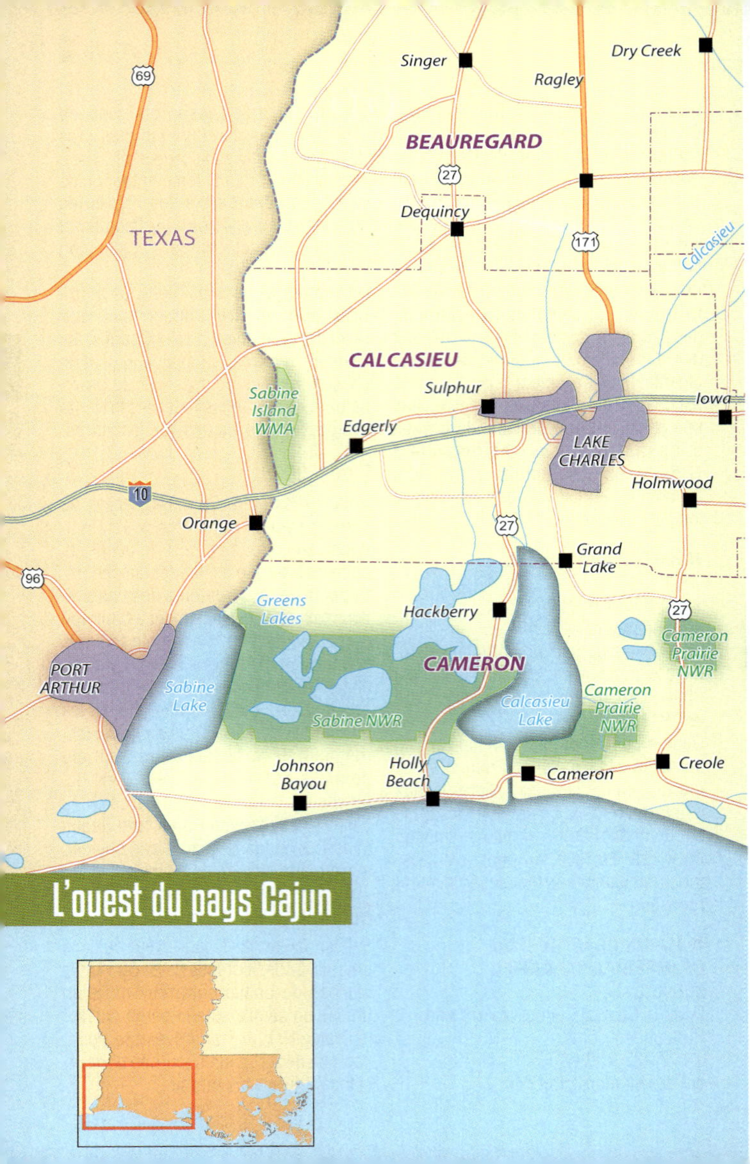

ALLEN
Oberlin
165
Mamou
13
EVANGELINE
Ville Platte
ST LANDRY
Plaisance
Opelousas
190
Basile
Eunice
Leonville
49
Kinder
Elton
26
Church Point
Sunset
Grand Coteau
Hathaway
Iota
ACADIA
Carencro
JEFFERSON DAVIS
Rayne
LAFAYETTE
Raonoke
10
Welsh
Jennings
Duson
Scott
Crowley
Mermentau
Midland
LAFAYETTE
Hayes
Lake Arthur
13
Maurice
82
90
14
Lake Arthur
Geydan
Kaplan
Erath
Lacassine NWR
Abbeville
Delcambre
VERMILLON
Lake Misere
Grand Lake
Intracoastal Waterway
Intracoastal City
Grand Chenier
White Lake
Vermillon Bay
82
Roskfeller SWR
Rainey Wildlife Sanct.
Pecan Island
N
0
20 km

BRIMSTONE HISTORICAL MUSEUM

900 S Huntington
✆ +1 337 5270357
www.brimstonemuseum.org
manuel@brimstonemuseum.org

Sulphur, ou soufre : la ville porte le nom de ce qui la fit sortir de terre. En 1867, les premiers gisements de soufre sont découverts mais les sables mouvants et les vases mortifères ont coûté de nombreuses vies avant qu'un certain Herman Frasch n'apparaisse en 1890. La méthode de Frasch ressemble peu ou prou à l'actuelle fracturation hydraulique. Toujours est-il que le soir de Noël 1894, le soufre fait surface sous la forme d'une pâte et enrichira la ville dès lors. Le musée est situé dans le bâtiment du dépôt de la Southern Pacific et présente une superbe exposition (chapeautée par le voisin de Henning Cultural Center) avec de très bonnes mises en scène sur le processus de l'exploitation du soufre et sur l'histoire locale. Vous y trouverez également de nombreuses informations sur la région.

CREOLE NATURE TRAIL

2740 Ruth Street
✆ +1 337 436 9588
www.creolenaturetrail.org
info@creolenaturetrail.org

Départ de Lake Charles : prendre la Hwy 385 vers le sud, puis rejoindre la Hwy 27. Départ de Sulphur (8 miles à l'ouest de Lake Charles) : sortir de l'I-10 et prendre la Hwy 27 vers le sud.

Le Creole Trail se prend au départ de Sulphur et traverse du nord au sud une immense région marécageuse très plate, couverte par le Sabine National Wildlife Refuge, dans la paroisse de Cameron. Cette route de plus de 200 km serpente à travers les marais et vous permet d'approcher de très près leurs habitants : alligators, tortues, crabes bleus, oiseaux migrateurs, aigrettes, poules d'eau, canards, oies sauvages, et les étranges oiseaux-spatules (roseate spoonbills).

Un canal longe la route ; il est difficile de s'arrêter, mais repérez le centre d'informations, les petits ponts ou les quelques espaces prévus pour vous, ainsi que les Marsh Trail ou Walking Trail, petits sentiers de randonnée aménagés le long du canal et traversant les marais : ce sont de véritables points d'observation.

Hackberry est la « capitale mondiale du crabe », on y trouve des centres d'élevages de crabes bleus, qui se multiplient également dans les fossés et dans le Calcasieu Lake.

Tout à fait au sud, vous arrivez à Holly Beach, qui passe pour être la Cajun Riviera. Mais c'est le week-end que cet endroit s'anime. Du vendredi au dimanche soir, tous les habitants de la région viennent y faire la fête, danser, jouer de la musique et se baigner. Il paraît que ça chauffe !

Un sanctuaire pour oiseaux (Birds Sanctuary) se trouve à 15 km à l'ouest de Holly Beach. C'est un endroit paisible où se rassemblent des milliers d'oiseaux migrateurs. Ces oiseaux traversent deux fois la Louisiane pour se réunir ici, en avril et en octobre.

Vers le lac, la flore est également riche, les marais sont truffés de bayous couverts de jacinthes d'eau et de nénuphars en fleur en été, et vous y rencontrerez les pêcheurs d'écrevisses et de poissons. Vous y verrez facilement les alligators et ces timides tortues qui se font bronzer sur tout ce qui émerge de l'eau.

CROSSROADS REGION

En quittant le pays cajun par la I-49 ou le pays des plantations par la La 1 en direction d'Alexandria, vous entrez dans la région du Carrefour ou Crossroads, croisement de deux cultures, celle du Sud, langoureuse, et celle du Nord, teintée du caractère courageux des pionniers. Cette région est plutôt marquée par ses parcs nationaux, ses paysages de forêts et de rivières. C'est le paradis des amoureux de la nature, des pêcheurs et des chasseurs.
En revanche, sachez qu'il n'existe ici pas d'autre moyen de transport qu'une voiture personnelle. On pointera dans cette région tout particulièrement la charmante Natchitoches et la forêt de Kisatchie.

RÉGION D'ALEXANDRIA

La région d'Alexandria est quelque peu endormie. La ville elle-même reste plutôt calme et les environs manquent un peu de charme quand on vient du sud du pays. Cela dit, les plantations alentour, dont Lloyd Hall Plantation à Cheneyville, valent le détour comme les excursions naturalistes (à pied ou à dos de cheval) sur les sentiers non battus de Kisatchie.

Alexandria-Pineville ★

Cette ville de 50 000 habitants est le centre de la région des Crossroads, et le cœur géographique de la Louisiane. En 1805, Alexander Fulton, riche propriétaire terrien et marchand, s'installe le long de la Red River, partage la terre en lots et donne naissance à la ville. Riche et prospère jusqu'au milieu du XIXe siècle, elle fut dévastée et brûlée pendant la guerre civile. Elle a retrouvé aujourd'hui son opulence en développant une industrie basée sur le bois et l'élevage mais n'est pas particulièrement passionnante d'un point de vue touristique. Rattachée à la localité de Pineville, de l'autre côté du pont qui traverse la Red River, elle tente d'attirer les touristes avec une poignée de plantations, quelques bons restaurants et ses forts militaires datant de la guerre de Sécession.

■ ALEXANDRIA MUSEUM OF ART

933 Second Street
✆ +1 318 443 3458
www.themuseum.org
Le musée d'Art d'Alexandria organise de nombreuses expositions temporaires, principalement d'artistes locaux. Un marché, le Green Market, y est installé tous les samedi de 9h à 13h.

■ FORTS RANDOLPH & BUHLOW STATE HISTORIC SITE

135 Riverfront Street
Pineville
✆ +1 318 484 2390 / +1 877 677 7437
Ce site historique permet de retracer la campagne de la Red River pendant la guerre de Sécession. En 1864, trois ans après que la Louisiane a rejoint la Confédération, l'Union cherche à contrôler les voies maritimes de l'Etat.

Alexandria a d'ailleurs été totalement incendiée par l'Union pendant la guerre civile. Après la bataille de Mansfield et la défaite de l'Union, les Confédérés reprennent un peu espoir. En prévision d'attaques de l'Union, les troupes de Louisiane construisent deux forts, Randolph et Buhlow, pour protéger la Red River. Au final, les forts ne serviront pas car la guerre prendra fin dans l'année. Une petite exposition ainsi qu'un film diffusé dans le centre des visiteurs racontent l'histoire de ces deux forts en détail.

KENT PLANTATION HOUSE

3601 Bayou Rapides Road (LA 496)
✆ +1 318 487 5998
www.kenthouse.org
admin@kenthouse.org
La visite dure une heure et retrace l'histoire de la plantation de 1795 à 1855. C'est la plus ancienne maison de planteur de la région. Elle tient son nom de son second propriétaire, Robert C. Hynson, qui la racheta en 1842, et qui venait du canton de Kent, Maryland. Elle fut construite par Pierre Baillio II en 1795 dans le style créole classique, en bousillage et à partir de cyprès trouvés sur place et de briques fabriquées sur la plantation. Elle a conservé de nombreux bâtiments extérieurs : une forge, une laiterie, une sucrerie (on vous explique les différentes étapes de la fabrication du sucre de canne roux), une cuisine, une grange, et une cabine d'esclaves (qui y fabriquaient du savon). Diverses animations au fil de l'année.

Marksville

Marksville est une petite ville perdue, que l'on cite pour son passé indien. Elle est située dans la paroisse des Avoyelles et doit son nom à une tribu indienne, les Avoyelles. Ces Indiens vivaient dans la région quand l'explorateur canadien Jean-Baptiste Le Moyne de Bienville s'arrêta. Il y fonda un poste en 1720 afin de protéger les Indiens des aventuriers.

La Rivière Rouge sépare Alexandria de Pineville.

Alexandria - Pineville
PINEVILLE
ALEXANDRIA
Red River
Red River
Lake Buhlow
Pierson Lake
Bayou Maria Basin
Vers Louisiana Maneuvers and Military museum
Fort Buhlow Park
Fort Randolph and Buhlow State Historic Site
Kees Park
Enterprise Park
Kent Plantation House
Alexandria Zoological park
Bringhurst Park
Cheatham Park
Frank O. Hunter Park
Highway 28 East
Edgenwood Dr
OH Marksville Hwy
Expressway Dr
Donahue Street
Military Hwy
Main Street
Main Street
4th Street
3Rd Street
Willow Glen River Road
Lee Street
Overton Street
Mason Street
Masonic Dr
Mac Arthur Dr
Mac Arthur Dr
Jackson Street
Jackson Street
Elliott Street
Monroe Street
Bolton Avenue
Rapides Avenue
Bayou Rapides Road
Bayou Rapides Road
England Dr
Airbase Road
Vandenburg Dr
Coliseum Boulevard
Twin Bridges Roa
0
2 Km
N

MARKSVILLE STATE HISTORIC SITE
837 Martin Luther King Drive
© +1 318 253 8954
marksville@crt.state.la.us
Vous vous trouvez sur un site indien préhistorique datant du Ier au IVe siècle apr. J.-C., composé de rares vestiges d'un village et de *mounds* (tumulus), identifiés comme des monuments funéraires. La culture de Marksville, variante du sud-est de la culture de Hopewell (Ohio et Illinois), se caractérisait en effet par des cérémonies mortuaires élaborées (tumulus de forme pyramidale), par d'importantes relations commerciales, l'importation de certaines matières premières, l'agriculture et la poterie décorative. Un musée assez intéressant situé dans un bâtiment de 1952 vous présente dans une série de vitrines les objets retrouvés par les archéologues sur place en 1933.

TUNICA-BILOXI INDIAN MUSEUM
171 Yuroni Road
© +1 318 253 9767 – www.tunica.org
Vous pourrez découvrir les légendes de cette communauté à travers un diaporama et en savoir plus sur leur fameux trésor…

Cheneyville

Si passer la nuit à Alexandria ne vous tente pas vraiment, n'hésitez pas à redescendre jusqu'à Cheneyville, pour dormir à Lloyd Hall Plantation, un superbe B&B. On peut aussi passer de jour pour visiter la demeure.

LOYD HALL PLANTATION
292 Loyd Bridge Road
© +1 318 776 5641
www.loydhall.com
innkeeper@loydhall.com
Cachée en pleine campagne, on y accède par une petite route dans les champs. Cette plantation de 320 hectares date des environs de 1810. Elle donne sur le bayou Bœuf, où passaient autrefois les *steamboats* qui rejoignaient la Red River puis le Mississippi. Jusqu'en 2011, la plantation cultivait encore du coton, du maïs et du soja. Depuis le rachat par M. Jenkins, les terres ont été séparées de la demeure. Aujourd'hui, c'est donc la maison uniquement que l'on visite, en écoutant les histoires de Miss Bulla qui travaille ici depuis plus de vingt ans. Une vingtaine de propriétaires se sont succédé dans la maison, c'est pourquoi vous n'y trouverez pas le mobilier d'origine. Les fenêtres en revanche sont en verre d'origine, fabriqué sur place. La maison, de style géorgien, victorien et Renaissance grecque, comprend une dizaine de pièces, sur trois étages. Les murs sont en briques faites à la main, le plancher en pin et les portes en bois de cyprès. A remarquer plus particulièrement les frises en stuc des plafonds, elles datent de 1838, l'escalier suspendu avec une balustrade en érable, ainsi qu'un patchwork accroché au mur, confectionné il y a plus de cent ans. N'oubliez pas de demander à Miss Bulla de vous parler des quatre fantômes : l'un d'eux joue du violon à minuit sur la terrasse de l'étage. C'est un soldat confédéré qui fut pendu dans le parc. On vous racontera que les fantômes déplacent les objets de la maison. Les chats ont le poil hérissé en leur présence et vous aussi ! Attention si vous êtes sceptique, il ne s'agit pas toujours de folklore touristique, parfois on vous racontera ces histoires avec un grand sérieux. N'oubliez pas que certaines superstitions sont encore vivaces.

Marksville Mounds Museum au sein du Marksville State Historic Site.

© PHOTOGRAPH COURTESY OF MATTHEW NOEL & HACVB

A toutes les sauces, les écrevisses sont excellentes. Les peler est un sport national.

© STÉPHANE SAVIGNARD

Site historique de Marksville.

Kisatchie National Forest ★

La Kisatchie National Forest est un immense parc d'Etat, parc naturel et de loisirs qui s'étend sur plus de 240 000 hectares dans la région des Crossroads, où chacun peut exercer son sport favori : pêche, chasse, randonnée, vélo, baignade, bateau... ou simplement observer cette énorme réserve de gibier (cerfs, lapins, colombes...). Elle est accessible d'Alexandria, comme de Natchitoches. La forêt est en réalité divisée en plusieurs parties (*ranger district*) et s'étend sur cinq paroisses. Autour d'Alexandria, c'est le Catahoula District au nord, et le Evangeline District à l'ouest ; autour de Natchitotches, c'est le Kisatchie Ranger District. Des cartes sont disponibles un peu partout dans la forêt, aux points informations, au début des sentiers. Parcourir la forêt en voiture est très agréable et tranquille, mais évitez les grosses chaleurs.

D'Alexandria, empruntez la Hwy-28 vers Leesville et bifurquez vers Kincaid Lake. Dans la forêt, suivez la route 273, vers Evangeline Camp et Wild Azalea Trail pour une petite randonnée au départ du sentier Wild Azalea. De Natchitoches, vous pouvez prendre la Hwy-117 vers le sud, puis le Long Leaf Trail, une route transversale qui vous fera découvrir ce paysage forestier sur une trentaine de kilomètres. N'hésitez pas à prendre les petites routes ou chemins que vous croiserez, la FS 342, la FS 311 ou encore les *scenic views* et les accès aux *overlooks* (panoramas). Tous vous conduisent à des points de vue sur la forêt et ses feuillages.

CANE RIVER NATIONAL HERITAGE AREA

Depuis Alexandria, reprenez la I-49 en direction du nord-ouest vers Natchitoches et sortez à Cloutierville pour découvrir la Cane River appelée également la Côte Joyeuse. De nombreuses plantations bordent cette paisible rivière qui serpente à travers de superbes paysages. La rivière remonte puis traverse Natchitoches où nous vous recommandons de passer la nuit car la ville a un véritable charme historique (ce que vous ne trouverez pas vraiment à Alexandria). Si vous avez peur d'arriver trop tard à votre étape, vous pouvez également découvrir la Cane River en sens inverse de Natchitoches vers le sud. Vous récupérerez la I-49 au niveau de Cloutierville ou plus au sud si la balade vous enchante.

Natchitoches ★★★

Cette charmante ville de 18 323 habitants doit son nom à la tribu indienne des Nah Sha Toosh, «là où poussent les fruits». Les multiples prononciations ont transformé le nom, devenu Natchitoches et prononcé «Nakidich».

Natchitoches est le site du premier peuplement permanent d'origine européenne sur le territoire du Louisiana Purchase, quelques années avant La Nouvelle-Orléans. Elle est fondée en 1714 par Louis Juchereau de St Denis, dont le buste est dressé au bout de Front Street, en face de l'office de tourisme. Cette ville et ses habitants vous séduiront instantanément et c'est assurément la destination à ne pas manquer dans la région des Crossroads.

Appréciez donc une promenade sur les berges de Cane River Lake, sous les chênes centenaires, puis remontez sur Front Street pour découvrir les nombreuses demeures historiques préservées.Tous les ans, en octobre, a lieu le Historic Tours of Natchitoches, les maisons privées sont alors ouvertes au public.

ALLIGATOR PARK

380 Old Bayou Pierre Road
✆ +1 877 354 7001
www.alligatorpark.net
bpap@alligatorpark.net
Cette ancienne ferme s'est reconvertie en attraction touristique depuis juillet 1997 car la chute du cours de la viande d'alligator ne permettait plus de maintenir l'activité. La visite plaira vraiment aux plus jeunes. Des centaines de charmants bébés *gators* au regard curieux – avec lesquels on peut se faire prendre en photo – et des dizaines de bêtes de taille plus conséquentes et au regard moins innocent vous y attendent. Vous pouvez les nourrir vous-mêmes (les petits) avec des croquettes pour chien que l'on propose à l'entrée. Quant à leur papa ou leur maman, à l'appétit plus exigeant, ils sont nourris par les propriétaires lors des spectacles. Ces charmantes bestioles se disputent alors sous vos yeux des... croquettes. Le parc est obligé de fermer pendant la saison fraîche car les alligators hibernent et passent leur journée sous l'eau, hors de vue du public. Un peu bondé d'alligators.

AMERICAN CEMETERY

Second Street
Situé près de l'église catholique Holy Cross, le cimetière américain passe pour être sur l'emplacement du second fort américain, un des points les plus en hauteur de la ville. Des hommes de toutes nationalités et classes sociales y reposent. La plus ancienne tombe date de 1717.

FORT ST JEAN BAPTISTE STATE HISTORIC SITE

155 Jefferson Street
✆ +1 318 357 3101
En 1716, le sieur Charles Claude Dustiné établit un avant-poste à cet endroit pour contrer les ambitions espagnoles. L'architecte-ingénieur Ignace François Broutin le redessine en 1732 en décidant de le renforcer d'un entrepôt et d'une maison pour le gardien, ainsi que de casernes. Découvrant que les poteaux de la palissade pourrissaient dans le sol, il les fit remplacer et doubler par d'autres plus petits, méthode de fortification peu courante à l'époque. Le fort servit de poste de défense jusqu'en 1762, quand les Français cédèrent le pays aux Espagnols. Pendant l'époque coloniale espagnole, il devint un centre de commerce et de communication avec les différents points du vaste territoire espagnol. Le fort se détériora alors, n'ayant plus sa raison d'être comme poste de défense.
A l'arrivée des Américains en 1803, il était si délabré qu'ils décidèrent d'en construire un autre à proximité, le fort Claiborne. Le site que vous visitez aujourd'hui est une reconstitution, datant de 1979, du fort d'origine qui se situait à quelques centaines de mètres plus au sud. Tous les matériaux de construction pour bâtir cette réplique proviennent de la région. On visite l'église, la maison du commandant, la poudrière, l'entrepôt, les casernes, le corps de garde, la cuisine.

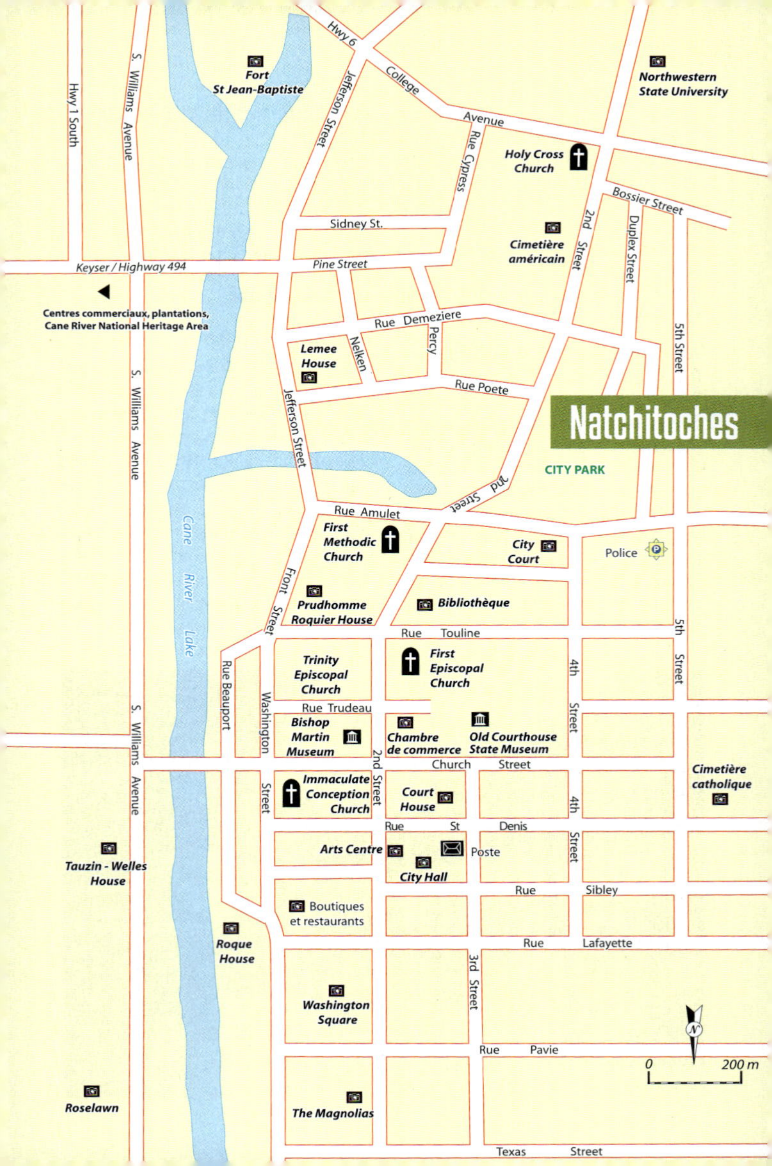
Natchitoches
Fort St Jean-Baptiste
Northwestern State University
Hwy 6
College Avenue
Jefferson Street
Rue Cypress
Holy Cross Church
Bossier Street
Hwy 1 South
S. Williams Avenue
Sidney St.
Cimetière américain
2nd Street
Duplex Street
Keyser / Highway 494
Pine Street
Centres commerciaux, plantations, Cane River National Heritage Area
Rue Demeziere
Percy
Nelken
Lemee House
5th Street
Rue Poete
CITY PARK
Cane River Lake
Rue Amulet
First Methodist Church
City Court
Police
Front Street
Prudhomme Roquier House
Bibliothèque
Rue Touline
Trinity Episcopal Church
First Episcopal Church
4th Street
Rue Beauport
Washington Street
Rue Trudeau
Bishop Martin Museum
Chambre de commerce
Old Courthouse State Museum
Church Street
Cimetière catholique
Immaculate Conception Church
Court House
Rue St Denis
Arts Centre
Poste
City Hall
Tauzin - Welles House
Rue Sibley
Boutiques et restaurants
Roque House
Rue Lafayette
3rd Street
Washington Square
Rue Pavie
0
200 m
Roselawn
The Magnolias
Texas Street

La visite est succincte car le fort n'est pas très grand, mais intéressante car les techniques et matériaux utilisés sont ceux du XVIIIe siècle. Vous imaginez aisément la simplicité de la vie dans ces murs et le caractère strictement fonctionnel de ce fort au début du XVIIIe siècle. Des guides sont à la disposition des visiteurs dans les baraquements.

IMMACULATE CONCEPTION CATHOLIC CHURCH

Second Street

Elle présente une architecture intéressante. Construite en 1856 dans le style espagnol, elle accueillit la première messe catholique célébrée à l'ouest du Mississippi. Le premier évêque de Natchitoches, Monseigneur Martin y repose. L'église fut agrandie dans les années 1950, période après laquelle on arrêta de sonner les cloches à la main, modernisme oblige.

PRUDHOMME HUGUES BUILDING

720 Front street

Cette maison possède un magnifique escalier extérieur en fer forgé, à l'arrière. Construite vers 1850 pour servir d'entrepôt, c'est aujourd'hui une boutique de souvenirs, Plantation Treasures.

ROQUE HOUSE

1 Rue Beau Port

✆ +1 318 352 0990

Cette maison, située sur Cane River Lake, est typique de l'architecture créole française, avec son toit de tuiles en bois, ses poutres en cyprès entourées de bousillage. Elle date de 1803 et est aujourd'hui le plus vieux bâtiment de Natchitoches. On l'appelle Roque House, d'après son dernier propriétaire, Mme Aubert Roque, qui y mourut en 1941. Autour de la maison, un espace nommé Beaujardin a été aménagé, avec de jolies petits ponts et parterres fleuris.

Le petit jardin public en bord de la Cane River est très prisé des promeneurs.

Natchez

Natchez (à ne pas confondre avec la ville de Natchez dans l'État voisin du Mississippi) est un petit village de la paroisse de Natchitoches, on peut y voir plusieurs plantations, majoritairement privées. Il accueille aussi St. Augustine Parish (Isle Brevelle) Church, qui est la plus ancienne église fondée aux États-Unis par des créoles.

BADIN-ROQUE HOUSE

Hwy. 484
✆ +1 318 357 6685
Cette maison a été construite en 1770 et servit de résidence à plusieurs familles ; elle fut ensuite vendue au diocèse catholique de Natchitoches en 1885 pour être utilisée comme couvent et école de l'église Saint Augustine proche.

CHEROKEE PLANTATION

3110 State Hwy 494
Cette plantation de 1839 classée monument historique fut l'emplacement du fameux duel Bossier-Gaiennie. Une forte discussion politique entre le général démocrate Pierre Bossier et le général F. Gaiennie, du parti politique Whig opposant de l'époque, les amena à se confronter en duel à la carabine. Gaiennie tira trop tôt, Bossier gagna donc le duel en tuant son opposant. A l'époque, onze citoyens de Cane River meurent en duel suite aux tensions politiques. Le général Bossier se suicidera en 1844 pour les mêmes raisons. De nombreux et très élégants meubles datant des années 1890 sont encore présents, dans cette plantation créole représentative des premières plantations de Louisiane. Le porche est agréablement fleuri : les roses Cherokee y sont nombreuses et ont d'ailleurs donné son nom à la plantation.

JOHN CARROLL JONES HOUSE

Hwy. 484
Au sud de Natchitoches, dans Isle Brevelle
Maison créole de style antillais. Elle fut construite en 1815, probablement par François Roubieu, premier propriétaire des terres agricoles entourant la maison. Carroll Jones ne s'installa dans la paroisse de Natchitoches qu'en 1869.

NARCISSE PRUDHOMME BEAU FORT PLANTATION

4078 Hwy 494
✆ +1 318 352 5144
beaufort@worldnetla.net
La plantation fut construite en 1790 par Pierre-Emmanuel Prudhomme sur le site originel de Fort Charles. De style créole, elle comporte une longue galerie couverte et de beaux jardins de camélias et d'azalées.

OAKLAND PLANTATION

4386 Highway 494
A Bermuda
✆ +1 318 356 8441
www.nps.gov/cari
Demeure d'architecture créole datant de 1821. Elle fut construite par Pierre Emmanuel Prud'homme et la même famille y habita jusque dans les années 1950 ; d'ailleurs vous entendrez parler de cette famille à plusieurs reprises lors de votre séjour à Natchitoches. Oakland se démarque ainsi des autres plantations par la modernité de sa cuisine, dont l'aménagement date des années 1950 ! Cette maison en bousillage fut restaurée par Robert Harling, réalisateur de *Steel Magnolias*. Elle donne sur une superbe allée de chênes, la troisième de l'Etat par sa longueur.

Demeure de Cherokee Plantation.

Maison d'esclaves datant de l'époque française à proximité de Badin-Roque House.

Cane River

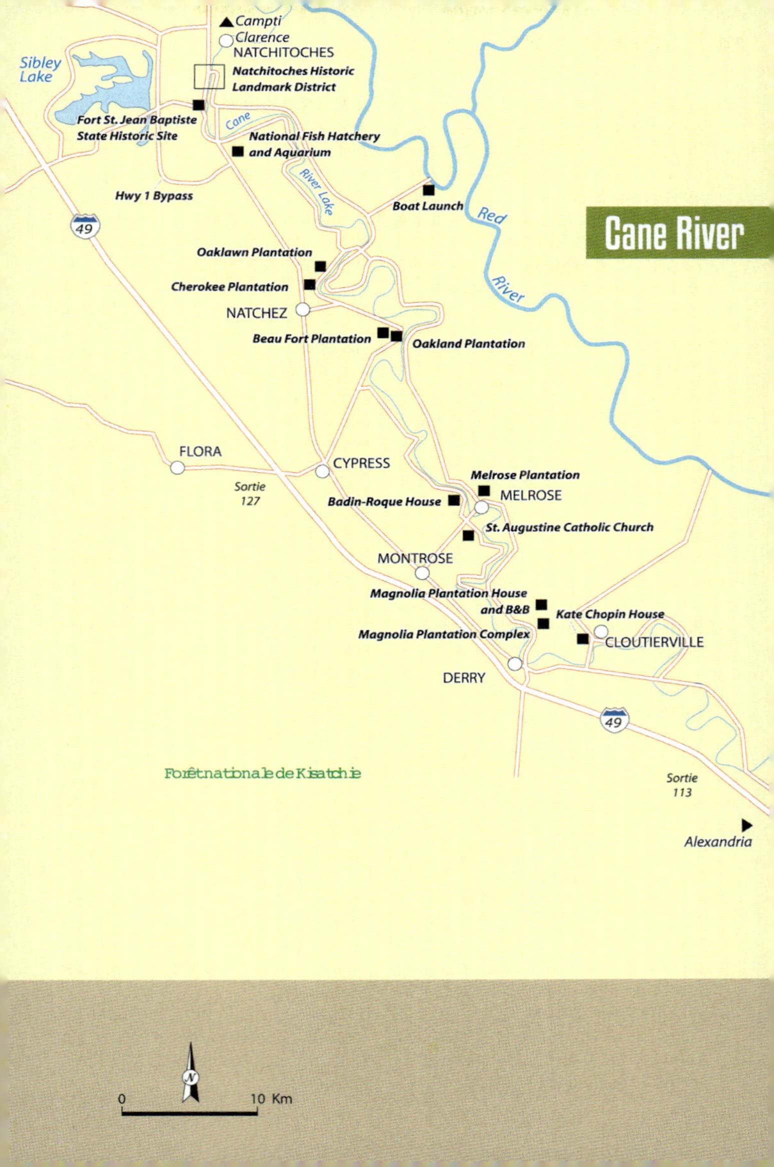

Campti
Clarence
NATCHITOCHES
Sibley Lake
Natchitoches Historic Landmark District
Fort St. Jean Baptiste State Historic Site
Cane
National Fish Hatchery and Aquarium
River Lake
Hwy 1 Bypass
Boat Launch
Red River
49
Oaklawn Plantation
Cherokee Plantation
NATCHEZ
Beau Fort Plantation
Oakland Plantation
FLORA
CYPRESS
Sortie 127
Melrose Plantation
MELROSE
Badin-Roque House
St. Augustine Catholic Church
MONTROSE
Magnolia Plantation House and B&B
Kate Chopin House
Magnolia Plantation Complex
CLOUTIERVILLE
DERRY
49
Forêt nationale de Kisatchie
Sortie 113
Alexandria
N
0
10 Km

La plantation comprend en outre dix-sept bâtiments tous préservés, ce qui en fait la plantation la plus riche d'un point de vue architectural. On y voit entre autres l'atelier du charpentier, la laverie, les pigeonniers, la maison du médecin, celle du contremaître...
La plantation est toujours entourée de jardins et des champs cultivés jusqu'en 1980.

SAINT AUGUSTINE BAPTIST CHURCH

1854 Little River Road
C'est la première église américaine fondée sans aide financière et construite par des hommes de couleur libres. L'église actuelle date de 1916.

Melrose ★

Melrose est un petit village dans la paroisse de Natchitoches. Il fait partie de Cane River Creole National Historical Park and Heritage Area et comprend notamment Melrose Plantation.

MAGNOLIA PLANTATION COMPLEX

5549 Hwy 119
A Derry
✆ +1 318 356 8441
www.nps.gov/cari
Cette plantation fut établie en 1830. Les troupes de l'Union la brûlèrent lorsqu'ils quittèrent la région. Elle fut donc restaurée en 1896 et est encore en activité. La maison, toujours habitée et non visitable, comprend 27 pièces, dont une chapelle de culte catholique et une presse à coton unique dans la région. Nombreux meubles de style Empire ou Louisiane. La ferme date de 1753 et c'est l'une des deux seules fermes bicentenaires à l'ouest du Mississippi.

MELROSE PLANTATION

3533 Hwy 119
✆ +1 318 379 0055
www.melroseplantation.org
Placée sous le signe des femmes fortes, cette plantation de 1796 possède une riche histoire et de nombreuses légendes, commençant avec celle de Marie-Thérèse Coincoin, une esclave qui fut propriétaire de la maison en la recevant de son maître, Thomas-Pierre Metoyer. Celui-ci lui offrit la liberté et la maison, après lui avoir fait de nombreux enfants, quatre étaient noirs, dix franco-africains. Son fils Augustin est considéré comme le grand-père des descendants du pays de Cane River. Betty, qui fait encore aujourd'hui visiter le site, est elle-même une descendante des Metoyer. Marie-Thérèse travailla dur pour fait prospérer la plantation avec le tabac et le maïs, et pouvoir ainsi libérer tous ses enfants et leur assurer une vie meilleure. La demeure actuelle aurait été construite en 1833 dans le style colonial par le petit-fils de Marie-Thérèse, Louis-Auguste Metoyer. L'histoire reprend en 1898 avec Cammie Garrett Henry, épouse de John Hampton Henry, qui décida de restaurer la maison. Elle y invita entre autres les écrivains William Faulkner et Frances Parkinson Keyes. La célèbre peintre primitif Clementine Hunter y a également travaillé. La plantation est constituée de neuf bâtiments, dont Big House (1833), Yucca (1796), en rénovation, et la fameuse African House (1800) qui aurait été utilisée comme étable et comme cachot pour les esclaves.
Chaque année fin avril, s'y tient un Festival des arts et de l'artisanat qui attire visiteurs et stands de tout l'État et au-delà.

© CLÉMENT BEUSELINCK-DOUSSIN

La cuisine est toujours détachée de l'habitation. Sécurité oblige en cas d'incendie, Melrose plantation.

© STÉPHANE SAVIGNARD

Magnolia Plantation.

La zone de Shreveport-Bossier City et de Monroe est très peu visitée. Pourtant, elle ne manque pas d'intérêt. Shreveport-Bossier City rassemble plusieurs casinos, ainsi qu'une activité culturelle naissante stimulante. Vous serez étonnés par le dynamisme de la troisième ville de Louisiane. Et puis, avec des paysages superbes et une nature très bien préservée, la région du « paradis des sportifs » jouit de véritables atouts pour les amateurs d'activités de plein air : pêche, canoë, golf, randonnée (notamment au lac Caddo à Oil City)… De nombreux parcs naturels vous permettront de faire du camping et de profiter de toutes les activités de plein air.

Shreveport – Boissier City

Fondé en 1830, Shreveport est la troisième ville de l'État par sa population. Avec Bossier City, sa ville jumelle placée de l'autre côté de la Red River, l'agglomération compte plus de 260 000 habitants. Et la ville ne cesse de grandir. Les mouvements de population suite à Katrina ont amorcé le processus, ajoutant à cette ville traditionnellement plus texane que louisianaise – la frontière est à 20 miles – une touche sudiste. De nombreux restaurateurs qui avaient tout perdu à La Nouvelle-Orléans se sont réinstallés ici, modifiant peu à peu le paysage culinaire de Shreveport. L'industrie cinématographique joue un rôle de plus en plus important dans l'évolution de la ville. Auparavant Shreveport était surtout connu pour ses casinos sur l'eau (dans le top 5 des États-Unis). Désormais, une population d'artistes, d'intermittents et de pointures du film d'animation arrive de tout le pays pour travailler avec les studios de production cinématographiques, s'installant souvent à Highland District, quartier résidentiel branché et dynamique (chaque année en mai, ce sont les dimanches portes ouvertes dans ces résidences qui accueillent des artistes locaux). Shreveport commence peu à peu à s'instaurer comme le premier centre de production en Louisiane – grâce à ses taxes très faibles – devant La Nouvelle-Orléans. En découle la création de lieux alternatifs et artistiques. Il y a fort à parier que, d'ici quelques années, Shreveport fera de l'ombre à Austin, son voisin texan branché… Aujourd'hui, on profite des lieux *arty* qui éclosent un peu partout, notamment sur Texas Street, la rue principale de Downtown, des bons restaurants et des magnifiques environs naturels.

■ **GARDENS OF THE AMERICAN ROSE CENTER**
American Rose Society
8877 Jefferson Paige Road
A Greenwood
✆ +1 318 938 5402
www.ars.org
Avec plus de 45 hectares de roses dans 60 jardins individuels permettant la culture de 24 000 rosiers environ, cette roseraie est la plus vaste d'Amérique du Nord. Une vraie merveille lors de la floraison ! Le centre ouvre également en

novembre et décembre de 17h30 à 22h et les décorations de Noël remplacent les roses pour célébrer Noël.

GATORS AND FRIENDS ALLIGATOR PARK AND EXOTIC ZOO

À Greenwood
11441 Highway 80
✆ +1 318 938 1199
www.gatorsandfriends.com

Une ferme aux alligators unique ! Comme ailleurs (Natchitoches, par exemple), on peut voir ces monstres se nourrir – ce n'est certes pas très rassurant mais très sécurisé – ou encore tenir un des bébés dans ses mains. Mais ici on peut faire de la tyrolienne (*zip-line*) au-dessus du bassin où se languissent les alligators faisant claquer leurs mâchoires ! Une véritable expérience que vous ne trouverez nulle part ailleurs. Ne soyez pas inquiets, Luke, Sergio et John sont autant sympathiques qu'ils savent rassurer leurs hôtes, que ce soit pour le vertige (les filins peuvent être tendus à 10 mètres du sol et traverser un bout de forêt sur 60 mètres) ou concernant l'appétit de leurs grosses bêtes. D'autre part, on sent vraiment ici que les alligators sont chouchoutés et ont suffisamment d'espace. D'autres animaux amusants sont également regroupés ici, dont des autruches et des kangourous.

THE HISTORIC CADDO LAKE DRAWBRIDGE

LA 538
Mooringsport
✆ +1 318 929 2806
www.caddolakedrawbridge.com
caddobridg@aol.com

Construit en 1914 par Jal Waddell, cet ouvrage est le seul pont de l'Etat dont le tablier monte et descend comme un ascenseur. Le mieux est de le parcourir à pied pour en apprécier toute la structure.

VISITE

Gardens of the American Rose Center.

Sportsman's paradise

ARKANSAS
MISSISSIPPI
Kilborne
Gassoway
Jones
425
Beekman
Bonita
Union WMA
Uppar Ouachita NWR
Plum Creek WMA
MOREHOUSE
Oak Grove
Bayou Macon WMA
LAKE PROVIDENCE
UNION
Farmerville
Goodwill
BASTROP
Mer Rouge
Pioneer
Bayou d'Arbonne Lake
Sterlington
WEST CARROLL
EAST CARROLL
165
dArbonne WNR
Black Bayou Lake
Oak Ridge
Alsatia
MONROE
Warden
65
Calhoun
Rayville
Delhi
Waverly
20
Cheniere Lake
Richwood
Ouachita WMA
RICHLAND
Tallulah
OUACHITA
Archibald
Turkey Creek
Tensas River NWR
Vicksburg
Chatham
Ouachita
15
MADISON
Baskin
Vixen
Hébert
Big Lake WMA
Tensas River NWR
Newellton
WINNSBORO
Columbia
FRANKLIN
CALDWELL
Fort Necessity
Boeuf WMA
Turkey Creek Lake
Wisner
Buckhorn WMA
TENSAS
165
15
St Joseph
MISSISSIPI
Olla
Sicily Island
65
Sicily Isl. Hill WMA
Tullos
Waterproof
Harrisonburg
84
LASALLE
CATAHOULA
Clayton
Jena
Lake St John
Jonesville
Ferriday
84
Nebo
Archie
Vidalia
Bayou Cocodie NWR
Catahoula Lake
Pollock
NATCHEZ
28
Deer Park
Dewey Wills WMA
Holloway
ALEXANDRIA
CONCORDIA
Vers Woodville

Les alligators, du Gators and Friends Alligator Park sont nourris à heure fixe ; un moment très attendu par les enfants.

Maison de Shreveport.

MEADOWS MUSEUM OF ART AT CENTENARY COLLEGE

2911 Centenary Boulevard
✆ +1 318 869 5040
www.centenary.edu/meadows
Un petit musée consacré à l'art moderne et contemporain. Les expositions durent un an et sont à voir sur le campus du Centenary College of Louisiana. Egalement à voir, la collection permanente des œuvres du peintre français Jean Despujols.

R. W. NORTON ART GALLERY

4747 Creswell Avenue
✆ +1 318 865 4201
www.rwnaf.org
Une très belle collection privée, réunie par la famille Norton, devenue riche après leur découverte d'un gisement de pétrole dans le nord de la Louisiane et surtout après avoir déposé le brevet sur le forage. La galerie fut ouverte en 1966. On y présente un couloir de la propagande de guerre ainsi que des magnifiques sculptures de Rodin, dont un *Penseur*. Quelques esquisses de Matisse sont également à voir ou des œuvres de Man Ray. À l'entrée à gauche, se trouve un tableau mettant en scène le capitaine Shreve désobstruant la rivière et donnant naissance à Shreveport. La part belle est faite à la peinture et sculpture américaine du XIXe siècle, avec en chefs de files Frederic Remington et Charles Marion Russell, emblématiques de cette période. Ils peignaient le Grand Ouest en s'inspirant de leurs voyages et des histoires qu'on leur rapportait. Ils nous permettent ainsi de découvrir la vie quotidienne des aventuriers, des cow-boys et des Indiens qui vivaient dans cet Ouest américain si mythique. L'œuvre du Louisianais Felix Kelly est intéressante pour le message qu'elle dégage sur le sentiment colonial.
Les jardins attenant sont aussi la propriété des Norton. Frais, ombragés, on y trouve fontaines et cours d'eau plutôt bienvenus quand le soleil tape.

SCI PORT LOUISIANA'S DISCOVERY CENTER

820 Clyde Fant Parkway
✆ +1 318 424 3466
www.sciport.org
Ce musée de la science, ou centre de découverte interactive, est très bien fait et permet d'apprendre tout en s'amusant. Petits et grands apprécieront leur visite. Ne ratez pas les films dans le dôme IMAX qui sont, comme toujours, à couper le souffle. En plus des expositions permanentes, Sci Port accueille des expositions temporaires. En 2012, il recevait la très célèbre *Bodies Revealed*.

THE LOUISIANA STATE EXHIBIT MUSEUM

3015 Greenwood Road
✆ +1 318 632 2020
www.aexhibitmuseum.weebly.com
Ce musée construit en 1938 dans un style néoclassique abrite le musée de la Louisiane. Des expositions retracent l'histoire et le développement de l'Etat. C'est l'unique musée de Louisiane affilié au Smithsonian Institute. On peut également y voir des œuvres de l'artiste louisianaise Clementine Hunter.

Mansfield ★

Mansfield est une petite ville de 5 000 habitants, située à 40 miles au sud de Shreveport. Elle est connue pour la bataille de Mansfield, durant la guerre de Sécession en 1864, qui se solda par une victoire des Confédérés.

MANSFIELD STATE HISTORIC SITE

15149 Hwy 175
✆ +1 318 872 1474
mansfield@crt.la.gov
Depuis 1973, cet ancien champ de bataille accueille désormais un musée de la guerre de Sécession, qui raconte principalement l'attaque de Mansfield-Pleasant Hill en 1864. L'endroit est idéal pour pique-niquer.

Monroe - West Monroe ★

À proximité de la pittoresque Ouachita River, les villes jumelles de Monroe et West Monroe méritent une petite visite et peuvent être un point de départ pour des randonnées dans les nombreux parcs nationaux qui les entourent. Les amateurs de gospel pourront se rendre dans l'une des églises de la région pour assister à une messe. En ville, à l'exception d'Antique Alley, il n'y a pas beaucoup d'activités.

ANTIQUE ALLEY

Trenton Street
A partir de Wood Street
www.antique-alley.org
C'est l'attraction numéro un de Monroe. Il faut absolument faire un tour dans cette rue lors de votre passage dans la ville. Les magasins d'antiquités peuvent receler de merveilleuses pièces de collection (à un prix pas toujours abordable toutefois) et les cafés à l'ancienne sont très agréables. Il s'agit d'un lieu incontournable dans la ville.

CHENAULT AVIATION & MILITARY MUSEUM OF LOUISIANA

701 Kansas Lane
✆ +1 318 362 5540
www.chennaultmuseum.org
Installé à l'intérieur d'un bâtiment construit pendant la Seconde Guerre mondiale, ce musée abrite une superbe collection d'avions militaires et civils.

MASUR MUSEUM OF ART

1400 South Grand Street
✆ +1 318 329 2237
www.masurmuseum.org
Un joli musée à l'architecture Tudor, dont les beaux parquets de bois mettent en valeur les œuvres. Peintures, impressions et sculptures sont à l'honneur. Les expositions sont tournantes.

THE BIEDENHARN MUSEUM & GARDENS

2000 Riverside Drive
✆ +1 318 387 5281
www.bmuseum.org
On peut suivre un tour guidé de la maison de Joseph A. Biedenharn, le premier à avoir mis en bouteille le Coca-Cola, et de sa famille. La maison date de 1914, et les pièces et leur mobilier sont laissés tels quels depuis la mort des anciens habitants. Egalement, la femme de Biedenharn avait réuni durant sa vie une collection de Bibles, qui sont désormais exposées ici. Enfin, les jardins du musée sont très agréables à découvrir, et leurs fontaines offrent un peu de fraîcheur.

REPÉREZ LES MEILLEURES VISITES

★ INTÉRESSANT ★★ REMARQUABLE ★★★ IMMANQUABLE ★★★★ INOUBLIABLE

PENSE FUTÉ

A la Whitney Plantation, l'accent est mis sur le sombre passé de ces exploitations esclavagistes.

© CLÉMENT BEUSELINCK-DOUSSIN

PENSE FUTÉ

Argent

- **Monnaie :** dollar américain (US$).
- **Taux de change :** 1 € = 1,12 US$; 1 US$ = 0,88 € (mars 2016).
- **Coût de la vie :** D'une manière générale, le coût de la vie en Louisiane est un peu moins cher qu'en France. D'autant que la force de l'euro donne l'avantage aux voyageurs européens, bien que l'euro soit à la baisse ces derniers temps. Toutefois, les hôtels à La Nouvelle-Orléans ne suivent pas cette règle et sont bien souvent assez chers. Notez toutefois que la Louisiane possède un grand avantage : la possibilité de faire des achats hors-taxes.
- **Moyens de paiement.** De façon générale, évitez d'avoir trop d'espèces sur vous. Celles-ci pourraient être perdues ou volées sans recours possible. Préférez payer avec votre carte bancaire quand cela est possible.
- **Marchandage :** il n'a pas cours en Louisiane ou aux Etats-Unis.
- **Pourboires.** Dans ce pays de services que sont les Etats-Unis, le pourboire est une institution. Les tips mettent de l'huile dans les rouages sociaux et sont acceptés avec d'autant plus de dignité et d'intérêt qu'ils constituent 90 % du revenu du personnel. Quelle que soit la qualité du service, il est donc de coutume de laisser dans les restaurants et taxis un pourboire d'au moins 15 % du montant de l'addition.

Bagages

De quoi se protéger du climat louisianais hostile à certaines périodes de l'année : un chapeau, des lunettes de soleil, de la crème solaire et de l'antimoustiques. Vous pouvez également emporter des vêtements légers et confortables pour la journée, une tenue un peu chic si vous comptez sortir dans des clubs de La Nouvelle-Orléans (bien que les Louisianais ne soient pas trop regardants sur ce principe) et surtout de bonnes chaussures pour marcher.

Électricité

Les Etats-Unis fonctionnent aux 110 volts et en fréquence de 60 Hz. Les prises de courant sont à deux fiches plates et les douilles des ampoules sont à vis (pas de baïonnettes). Que vous apportiez ou que vous achetiez sur place du matériel électrique, n'oubliez pas de vous munir d'adaptateurs (converters)

Formalités

Il vous faut être en possession d'un passeport biométrique (ou un passeport à lecture optique en cours de validité et émis avant le 26 octobre 2005). Et demander une autorisation ESTA.

Langues parlées

Bien que la Louisiane se targue d'être francophone, on est loin du pays bilingue ! Il vous faudra parler anglais la plupart du temps.

Quand partir ?

Le printemps et l'automne sont les meilleures saisons pour aller en Louisiane. Il fait beau et chaud au printemps, la flore est en pleine effervescence et la faune en pleine activité. La chaleur redevient agréable pour le tourisme en automne, la végétation est luxuriante et la faune très active. L'automne est également la période de chasse des alligators.

Santé

Si les risques de maladie sont assez réduits lors d'un séjour aux Etats-Unis, sachez cependant que les soins médicaux sont extrêmement chers. L'infrastructure médicale de Louisiane est, néanmoins, excellente, comme dans le reste du pays.

Sécurité

- **Voyageur handicapé.** Les Etats-Unis sont à la pointe en termes d'accessibilité pour les voyageurs handicapés. Tous les lieux publics, offices de tourisme, restaurants, musées et hôtels sont munis de rampes ou ascenseurs pour faciliter les accès aux personnes à mobilité réduite. Pas de soucis donc, vous pourrez profiter pleinement de tout ce que la région a à offrir.

- **Voyageur gay ou lesbien.** Les grandes villes comme La Nouvelle-Orléans accueillent une grande communauté gay et lesbienne. Cependant dans les campagnes, évitez de vous afficher si vous ne voulez pas subir des regards désobligeants ou tout simplement étonnés.

- **Voyager avec des enfants.** La Louisiane, comme le Sud des Etats-Unis, étant une région très religieuse et pratiquante, la famille est érigée en institution sacrée. Si vous voyagez en couple, on partira du principe que vous êtes mariés. En conséquence, les enfants sont bienvenus partout. Beaucoup d'hôtels proposent des solutions pour les familles : lits bébés, chambres communicantes, etc. De même, les musées développent la plupart du temps des parcours ludiques pour intéresser les plus jeunes. Voyager avec des enfants ne devrait donc pas poser problème pendant votre séjour dans la région.

- **Femme seule.** Les femmes peuvent tout à fait voyager sans crainte en Lousiane. Ici comme ailleurs, à vous de faire attention lors de sorties en boîtes de nuit ou dans les bars : a priori pas de danger, mais deux précautions valent mieux qu'une. Dans les grandes villes, la police est extrêmement présente sur les lieux touristiques.

Téléphone

- **Indicatif téléphonique :** +1 504

- **Téléphoner de France dans le pays :** composez le 00 1 suivi de l'indicatif régional et du numéro.

- **Téléphoner en local.** Les numéros sont à 7 chiffres précédés d'un indicatif régional de 3 chiffres qui n'est pas utilisé pour les communications locales.

- **Téléphoner du pays en France :** composez le 00 33 suivi du numéro sans le 0 initial

Faire

Respecter l'âge limite de consommation d'alcool. Tous les bars ou établissements licenciés demandent une carte d'identité (ID) à l'entrée. Sachez que certains établissements n'acceptent en outre que les passeports (la carte d'identité française ne leur évoque absolument rien). L'âge limite de consommation d'alcool est de 21 ans.

Payer les contraventions. En cas d'amende, payez au plus vite, sinon le véhicule sera fiché sur informatique et, au prochain contrôle de police, vous devrez payer une forte amende. Ou bien, si vous ne vous faites pas contrôler, l'entreprise de location de voitures sera mise au courant de l'affaire et vous devrez payer plus cher que l'amende.

Ne pas faire

Dépasser les limites de vitesse. Les policiers ne montrent aucune indulgence envers les conducteurs pris en flagrant délit de dépassement des limites de vitesse. Les amendes aux Etats-Unis ne vous sont pas envoyées à domicile, ici on vous prend en chasse et on vous fait arrêter sur le bas-côté pour vous verbaliser. Là encore, une chose à ne pas faire, c'est s'agiter dans la voiture pour aller chercher ses papiers dans la boîte à gants ou dans le sac. Restez bien immobile jusqu'à ce que le policier vous demande vos papiers.

Faire la bise. A moins que vous connaissiez bien la personne, vous ne lui ferez pas la bise. Aux Etats-Unis, on ne s'embrasse pas, on se serre la main (même aux dames) ou, mieux, on se donne l'accolade (un *hug*).

Oublier le pourboire. Même si ce n'est pas une loi écrite, c'est une pratique habituelle. Sachez qu'il fait partie de la rémunération des employés dont le salaire de base est ridiculement bas. Les Français ayant la réputation d'être particulièrement pingres, nous comptons sur vous pour redorer l'image du pays... Comptez environ 15 % de la note dans les restaurants et les taxis.

Vous baigner dans les bayous et marais. Même si les Louisianais le font, faites bien attention, alligators et serpents ne sont jamais loin...

Parler politique et religion. Attention, le Sud des Etats-Unis est très conservateur et croyant. Vous risqueriez d'offenser votre interlocuteur en lui assénant vos visions sur le port des armes, la peine de mort et la place de l'Eglise. Respectez-le en gardant vos opinions discrètes et nuancées.

INDEX

A

B

C

D

E

F

G

H

I - J

K

L

M

N

O

P

Q - R

S

T - U - V

W

EDITION

Directeurs de collection et auteurs : Dominique AUZIAS et Jean Paul LABOURDETTE

Auteurs : Antoine RICHARD, Baptiste THARREAU, Clément BEUSELINCK-DOUSSIN, Manon LIDUENA, Béatrice GERMAINE, Jean-Paul LABOURDETTE, Dominique AUZIAS et alter

Directeur Editorial : Stéphan SZEREMETA

Rédaction Monde : Patrick MARINGE, Caroline MICHELOT, Morgane VESLIN, Pierre-Yves SOUCHET, Talatah FAVREAU, Hector BARON

Rédaction France : François TOURNIE, Bénédicte PETIT, Silvia FOLIGNO, Maurane CHEVALIER

FABRICATION

Responsable Studio : Sophie LECHERTIER assistée de Romain AUDREN

Maquette et Montage : Julie BORDES, Élodie CLAVIER, Sandrine MECKING, Delphine PAGANO et Laurie PILLOIS

Iconographie et Cartographie : Audrey LALOY

WEB ET NUMERIQUE

Directeur Web : Louis GENEAU de LAMARLIERE

Directeur technique : Lionel CAZAUMAYOU

Chef de projet et développeurs : Jean-Marc REYMUND, Cédric MAILLOUX, Florian FAZER et Anthony GUYOT

Community Manager : Cyprien de CANSON

DIRECTION COMMERCIALE

Directrice des Régies : Caroline CHOLLET

Responsable Régies locales : Michel GRANSEIGNE

Relation Clientèle : Vimla MEETTOO et Sandra RUFFIEUX

REGIE NATIONALE

Chefs de Publicité : Caroline AUBRY, François BRIANCON-MARJOLLET, Perrine DE CARNE MARCEIN, Caroline GENTELET, Florian MEYBERGER, Caroline PREAU

REGIE INTERNATIONALE

Chefs de Publicité : Jean-Marc FARAGUET, Guillaume LABOUREUR assistés d'Elisa MORLAND

DIFFUSION ET PROMOTION

Directrice des ventes : Bénédicte MOULET assistée d'Aissatou DIOP, Alicia FILANKEMBO

Responsable des ventes : Jean-Pierre GHEZ assisté de Nathalie GONCALVES

Relations Presse-Partenariats : Jean-Mary MARCHAL

ADMINISTRATION

Président : Jean-Paul LABOURDETTE

Directeur Administratif et Financier : Gérard BRODIN

Directrice des Ressources Humaines : Dina BOURDEAU assistée de Sandra MORAIS et de Vianney LAVERNE

Responsable informatique : Pascal LE GOFF

Responsable Comptabilité : Valérie DECOTTIGNIES assistée de Jeannine DEMIRDJIAN, Oumy DIOUF, Christelle MANEBARD et de Adrien PRIGENT

Recouvrement : Fabien BONNAN assisté de Sandra BRIJLALL

Standard : Jehanne AOUMEUR

CARNET DE VOYAGE LOUISIANE 2016

ÉDITIONS DOMINIQUE AUZIAS & ASSOCIÉS©
18, rue des Volontaires - 75015 Paris
Tél. : 33 1 53 69 70 00 - Fax : 33 1 53 69 70 62
Petit Futé, Petit Malin, Globe Trotter, Country Guides et City Guides sont des marques déposées ™®©
Couverture : © STEVE BOWER
Imprimé en France par
Imprimerie de Champagne – 52200 Langres
Dépôt légal : Mars 2016
ISBN : 9782746998292

Pour nous contacter par email, indiquez le nom de famille en minuscule suivi de @petitfute.com
Pour le courrier des lecteurs : country@petitfute.com

IMPRIMÉ EN FRANCE